Storm | Immensee
und andere Novellen

Theodor Storm

Immensee

und andere Novellen

Reclam

RECLAMS UNIVERSAL-BIBLIOTHEK Nr. 14327
1991, 2002, 2022 Philipp Reclam jun. Verlag GmbH,
Siemensstraße 32, 71254 Ditzingen
info@reclam.de
Gestaltung: Cornelia Feyll, Friedrich Forssman
Druck und Bindung: Elanders Waiblingen GmbH,
Anton-Schmidt-Straße 15, 71332 Waiblingen
Printed in Germany 2025
RECLAM, UNIVERSAL-BIBLIOTHEK und
RECLAMS UNIVERSAL-BIBLIOTHEK sind eingetragene Marken
der Philipp Reclam jun. GmbH & Co. KG, Stuttgart
ISBN 978-3-15-014327-8
reclam.de

Immensee

Der Alte

An einem Spätherbstnachmittage ging ein alter wohlgekleideter Mann langsam die Straße hinab. Er schien von einem Spaziergange nach Hause zurückzukehren; denn seine Schnallenschuhe, die einer vorübergegangenen Mode angehörten, waren bestäubt. Den langen Rohrstock mit goldenem Knopf trug er unter dem Arm; mit seinen dunkeln Augen, in welche sich die ganze verlorene Jugend gerettet zu haben schien und welche eigentümlich von den schneeweißen Haaren abstachen, sah er ruhig umher oder in die Stadt hinab, welche im Abendsonnendufte vor ihm lag. – Er schien fast ein Fremder; denn von den Vorübergehenden grüßten ihn nur wenige, obgleich mancher unwillkürlich in diese ernsten Augen zu sehen gezwungen wurde. Endlich stand er vor einem hohen Giebelhause still, sah noch einmal in die Stadt hinaus und trat dann in die Hausdiele. Bei dem Schall der Türglocke wurde drinnen in der Stube von einem Guckfenster, welches nach der Diele hinausging, der grüne Vorhang weggeschoben und das Gesicht einer alten Frau dahinter sichtbar. Der Mann winkte ihr mit seinem Rohrstock. »Noch kein Licht!«, sagte er in einem etwas südlichen Akzent; und die Haushälterin ließ den Vorhang wieder fallen. Der Alte ging nun über die weite Hausdiele, dann durch einen Pesel, wo große Eichschränke mit Porzellanvasen an den Wänden standen; durch die gegenüberstehende Tür trat er in einen kleinen Flur, von wo aus eine enge Treppe zu den oberen Zimmern des Hinterhauses führte. Er stieg sie langsam hinauf, schloss oben eine Tür auf und trat dann in ein mäßig großes Zimmer. Hier war es heimlich und still; die eine Wand war fast mit Repositorien und Bücherschränken bedeckt; an der andern hingen Bilder von Menschen und Gegenden; vor einem Tische mit grüner Decke, auf dem einzelne aufgeschlagene Bücher umherlagen, stand ein schwerfälliger Lehnstuhl mit rotem Sammetkissen. – Nachdem der Alte Hut und Stock in die Ecke gestellt hatte, setzte er sich in den Lehnstuhl und schien mit gefalteten Händen von seinem Spaziergange auszuruhen. – Wie er so saß, wurde es allmählich dunkler; endlich fiel ein Mondstrahl durch die Fensterscheiben auf die Gemälde an der Wand, und wie der helle Streif langsam weiterrückte, folgten die Augen des Mannes unwillkürlich. Nun trat er über ein kleines Bild in schlichtem schwarzem Rahmen. »Elisabeth!«, sagte der Alte leise; und wie er das Wort gesprochen, war die Zeit verwandelt – er war in seiner Jugend.

Die Kinder

Bald trat die anmutige Gestalt eines kleinen Mädchens zu ihm. Sie hieß Elisabeth und mochte fünf Jahre zählen; er selbst war doppelt so alt. Um den Hals trug sie ein rotseidenes Tüchelchen; das ließ ihr hübsch zu den braunen Augen.

»Reinhard«, rief sie, »wir haben frei, frei! Den ganzen Tag keine Schule, und morgen auch nicht.«

Reinhard stellte die Rechentafel, die er schon unterm Arm hatte, flink hinter die Haustür, und dann liefen beide Kinder durchs Haus in den Garten und durch die Gartenpforte hinaus auf die Wiese. Die unverhofften Ferien kamen ihnen herrlich zustatten. Reinhard hatte hier mit Elisabeths Hülfe ein Haus aus Rasenstücken aufgeführt; darin wollten sie die Sommerabende wohnen; aber es fehlte noch die Bank. Nun ging er gleich an die Arbeit; Nägel, Hammer und die nötigen Bretter lagen schon bereit. Währenddessen ging Elisabeth an dem Wall entlang und sammelte den ringförmigen Samen der wilden Malve in ihre Schürze; davon wollte sie sich Ketten und Halsbänder machen; und als Reinhard endlich trotz manches krummgeschlagenen Nagels seine Bank dennoch zustande gebracht hatte und nun wieder in die Sonne hinaustrat, ging sie schon weit davon am andern Ende der Wiese.

»Elisabeth!«, rief er, »Elisabeth!«, und da kam sie, und ihre Locken flogen. »Komm«, sagte er, »nun ist unser Haus fertig. Du bist ja ganz heiß geworden; komm herein, wir wollen uns auf die neue Bank setzen. Ich erzähl dir etwas.«

Dann gingen sie beide hinein und setzten sich auf die neue Bank. Elisabeth nahm ihre Ringelchen aus der Schürze und zog sie auf lange Bindfäden; Reinhard fing an zu erzählen: »Es waren einmal drei Spinnfrauen – –«

»Ach«, sagte Elisabeth, »das weiß ich ja auswendig; du musst auch nicht immer dasselbe erzählen.«

Da musste Reinhard die Geschichte von den drei Spinnfrauen stecken lassen, und stattdessen erzählte er die Geschichte von dem armen Mann, der in die Löwengrube geworfen war.

»Nun war es Nacht«, sagte er, »weißt du? ganz finstere, und die Löwen schliefen. Mitunter aber gähnten sie im Schlaf und reckten die roten Zungen aus; dann schauderte der Mann und meinte, dass der Morgen komme. Da warf es um ihn her auf einmal einen hellen Schein, und als er aufsah, stand ein Engel vor ihm. Der winkte ihm mit der Hand und ging dann gerade in die Felsen hinein.«

Elisabeth hatte aufmerksam zugehört. »Ein Engel?«, sagte sie. »Hatte er denn Flügel?«

»Es ist nur so eine Geschichte«, antwortete Reinhard; »es gibt ja gar keine Engel.«

»O pfui, Reinhard!«, sagte sie und sah ihm starr ins Gesicht. Als er sie aber finster anblickte, fragte sie ihn zweifelnd: »Warum sagen sie es denn immer? Mutter und Tante und auch in der Schule?«

»Das weiß ich nicht«, antwortete er.

»Aber du«, sagte Elisabeth, »gibt es denn auch keine Löwen?«

»Löwen? Ob es Löwen gibt! In Indien; da spannen die Götzenpriester sie vor den Wagen und fahren mit ihnen durch die Wüste. Wenn ich groß bin, will ich einmal selber hin. Da ist es vieltausendmal schöner als hier bei uns; da gibt es gar keinen Winter. Du musst auch mit mir. Willst du?«

»Ja«, sagte Elisabeth; »aber Mutter muss dann auch mit, und deine Mutter auch.«

»Nein«, sagte Reinhard, »die sind dann zu alt, die können nicht mit.«

»Ich darf aber nicht allein.«

»Du sollst schon dürfen; du wirst dann wirklich meine Frau, und dann haben die andern dir nichts zu befehlen.«

»Aber meine Mutter wird weinen.«

»Wir kommen ja wieder«, sagte Reinhard heftig; »sag es nur grade heraus: willst du mit mir reisen? Sonst geh ich allein; und dann komme ich nimmer wieder.«

Der Kleinen kam das Weinen nahe. »Mach nur nicht so böse Augen«, sagte sie; »ich will ja mit nach Indien.«

Reinhard fasste sie mit ausgelassener Freude bei beiden Händen und zog sie hinaus auf die Wiese. »Nach Indien, nach Indien!«, sang er und schwenkte sich mit ihr im Kreise, dass ihr das rote Tüchelchen vom Halse flog. Dann aber ließ er sie plötzlich los und sagte ernst: »Es wird doch nichts daraus werden; du hast keine Courage.«

– – »Elisabeth! Reinhard!«, rief es jetzt von der Gartenpforte. »Hier! Hier!«, antworteten die Kinder und sprangen Hand in Hand nach Hause.

Im Walde

So lebten die Kinder zusammen; sie war ihm oft zu still, er war ihr oft zu heftig, aber sie ließen deshalb nicht voneinander; fast alle Freistunden teilten sie, winters in den beschränkten Zimmern ihrer Mütter, sommers in Busch und Feld. – Als Elisabeth einmal in Reinhards Gegenwart von dem Schullehrer gescholten wurde, stieß er seine Tafel zornig auf den Tisch, um den Eifer des Mannes auf sich zu lenken. Es wurde nicht bemerkt. Aber Reinhard verlor alle Aufmerksamkeit an den geographischen Vorträgen; stattdessen verfasste er ein langes Gedicht; darin verglich er sich selbst mit einem jungen Adler, den Schulmeister mit einer grauen Krähe, Elisabeth war die weiße Taube; der Adler gelobte, an der grauen Krähe Rache zu nehmen, sobald ihm die Flügel gewachsen sein würden. Dem jungen Dichter standen die Tränen in den Augen; er kam sich sehr erhaben vor. Als er nach Hause gekommen war, wusste er sich einen kleinen Pergamentband mit vielen weißen Blättern zu verschaffen; auf die ersten Seiten schrieb er mit sorgsamer Hand sein erstes Gedicht. – Bald darauf kam er in eine andere Schule; hier schloss er manche neue Kameradschaft mit Knaben seines Alters; aber sein Verkehr mit Elisabeth wurde dadurch nicht gestört. Von den Märchen, welche er ihr sonst erzählt und wieder erzählt hatte, fing er jetzt an, die, welche ihr am besten gefallen hatten, aufzuschreiben; dabei wandelte ihn oft die Lust an, etwas von seinen eigenen Gedanken hineinzudichten; aber, er wusste nicht weshalb, er konnte immer nicht dazu gelangen. So schrieb er sie genau auf, wie er sie selber gehört hatte. Dann gab er die Blätter an Elisabeth, die sie in einem Schubfach ihrer Schatulle sorgfältig aufbewahrte; und es gewährte ihm eine anmutige Befriedigung, wenn er sie mitunter abends diese Geschichten in seiner Gegenwart aus den von ihm geschriebenen Heften ihrer Mutter vorlesen hörte.

Sieben Jahre waren vorüber. Reinhard sollte zu seiner weiteren Ausbildung die Stadt verlassen. Elisabeth konnte sich nicht in den Gedanken finden, dass es nun eine Zeit ganz ohne Reinhard geben werde. Es freute sie, als er ihr eines Tages sagte, er werde, wie sonst, Märchen für sie aufschreiben; er wolle sie ihr mit den Briefen an seine Mutter schicken; sie müsse ihm dann wieder schreiben, wie sie ihr gefallen hätten. Die Abreise rückte heran; vorher aber kam noch mancher Reim in den Pergamentband. Das allein war für Elisabeth ein Geheimnis, obgleich sie die Veranlassung zu dem ganzen Buche und zu den meisten Liedern war, welche nach und nach fast die Hälfte der weißen Blätter gefüllt hatten.

Es war im Juni; Reinhard sollte am andern Tage reisen.

Nun wollte man noch einmal einen festlichen Tag zusammen begehen. Dazu wurde eine Landpartie nach einer der nahe belegenen Holzungen in größerer Gesellschaft veranstaltet. Der stundenlange Weg bis an den Saum des Waldes wurde zu Wagen zurückgelegt; dann nahm man die Proviantkörbe herunter und marschierte weiter. Ein Tannengehölz musste zuerst durchwandert werden; es war kühl und dämmerig und der Boden überall mit feinen Nadeln bestreut. Nach halbstündigem Wandern kam man aus dem Tannendunkel in eine frische Buchenwaldung; hier war alles licht und grün, mitunter brach ein Sonnenstrahl durch die blätterreichen Zweige; ein Eichkätzchen sprang über ihren Köpfen von Ast zu Ast. – Auf einem Platze, über welchem uralte Buchen mit ihren Kronen zu einem durchsichtigen Laubgewölbe zusammenwuchsen, machte die Gesellschaft Halt. Elisabeths Mutter öffnete einen der Körbe; ein alter Herr warf sich zum Proviantmeister auf. »Alle um mich herum, ihr jungen Vögel!«, rief er. »Und merket genau, was ich euch zu sagen habe. Zum Frühstück erhält jetzt ein jeder von euch zwei trockene Wecken; die Butter ist zu Hause geblieben, die Zukost müsst ihr euch selber suchen. Es stehen genug Erdbeeren im Walde, das heißt, für den, der sie zu finden weiß. Wer ungeschickt ist, muss sein Brot trocken essen; so geht es überall im Leben. Habt ihr meine Rede begriffen?«

»Jawohl!«, riefen die Jungen.

»Ja, seht«, sagte der Alte, »sie ist aber noch nicht zu Ende. Wir Alten haben uns im Leben schon genug umhergetrieben; darum bleiben wir jetzt zu Haus, das heißt, hier unter diesen breiten Bäumen, und schälen die Kartoffeln und machen Feuer und rüsten die Tafel, und wenn die Uhr zwölf ist, sollen auch die Eier gekocht werden. Dafür seid ihr uns von euren Erdbeeren die Hälfte schuldig, damit wir auch einen Nachtisch servieren können. Und nun geht nach Ost und West und seid ehrlich!«

Die Jungen machten allerlei schelmische Gesichter. »Halt!«, rief der alte Herr noch einmal. »Das brauche ich euch wohl nicht zu sagen: wer keine findet, braucht auch keine abzuliefern; aber das schreibt euch wohl hinter eure feinen Ohren, von uns Alten bekommt er auch nichts. Und nun habt ihr für diesen Tag gute Lehren genug; wenn ihr nun noch Erdbeeren dazu habt, so werdet ihr für heute schon durchs Leben kommen.«

Die Jungen waren derselben Meinung und begannen sich paarweise auf die Fahrt zu machen.

»Komm, Elisabeth«, sagte Reinhard, »ich weiß einen Erdbeerenschlag; du sollst kein trockenes Brot essen.«

Elisabeth knüpfte die grünen Bänder ihres Strohhutes zusammen und hing ihn über den Arm. »So komm«, sagte sie, »der Korb ist fertig.«

Dann gingen sie in den Wald hinein, tiefer und tiefer; durch feuchte undurchdringliche Baumschatten, wo alles still war, nur unsichtbar über ihnen in den Lüften das Geschrei der Falken; dann wieder durch dichtes Gestrüpp, so dicht, dass Reinhard vorangehen musste, um einen Pfad zu machen, hier einen Zweig zu knicken, dort eine Ranke beiseite zu biegen. Bald aber hörte er hinter sich Elisabeth seinen Namen rufen. Er wandte sich um. »Reinhard!«, rief sie. »Warte doch, Reinhard!« Er konnte sie nicht gewahr werden; endlich sah er sie in einiger Entfernung mit den Sträuchern kämpfen; ihr feines Köpfchen schwamm nur kaum über den Spitzen der Farrenkräuter. Nun ging er noch einmal zurück und führte sie durch das Wirrnis der Kräuter und Stauden auf einen freien Platz hinaus, wo blaue Falter zwischen den einsamen Waldblumen flatterten. Reinhard strich ihr die feuchten Haare aus dem erhitzten Gesichtchen; dann wollte er ihr den Strohhut aufsetzen, und sie wollte es nicht leiden; dann aber bat er sie, und dann ließ sie es doch geschehen.

»Wo bleiben denn aber deine Erdbeeren?«, fragte sie endlich, indem sie stehen blieb und einen tiefen Atemzug tat.

»Hier haben sie gestanden«, sagte er; »aber die Kröten sind uns zuvorgekommen, oder die Marder, oder vielleicht die Elfen.«

»Ja«, sagte Elisabeth, »die Blätter stehen noch da; aber sprich hier nicht von Elfen. Komm nur, ich bin noch gar nicht müde; wir wollen weiter suchen.«

Vor ihnen war ein kleiner Bach, jenseits wieder der Wald. Reinhard hob Elisabeth auf seine Arme und trug sie hinüber. Nach einer Weile traten sie aus dem schattigen Laube wieder in eine weite Lichtung hinaus. »Hier müssen Erdbeeren sein«, sagte das Mädchen, »es duftet so süß.«

Sie gingen suchend durch den sonnigen Raum; aber sie fanden keine. »Nein«, sagte Reinhard, »es ist nur der Duft des Heidekrautes.«

Himbeerbüsche und Hülsendorn standen überall durcheinander; ein starker Geruch von Heidekräutern, welche abwechselnd mit kurzem Grase die freien Stellen des Bodens bedeckten, erfüllte die Luft. »Hier ist es einsam«, sagte Elisabeth; »wo mögen die andern sein?«

An den Rückweg hatte Reinhard nicht gedacht. »Warte nur; woher kommt der Wind?«, sagte er und hob seine Hand in die Höhe. Aber es kam kein Wind.

»Still«, sagte Elisabeth, »mich dünkt, ich hörte sie sprechen. Rufe einmal dahinunter.«

Reinhard rief durch die hohle Hand: »Kommt hieher!« – »Hieher!«, rief es zurück.

»Sie antworten!«, sagte Elisabeth und klatschte in die Hände.

»Nein, es war nichts, es war nur der Widerhall.«

Elisabeth fasste Reinhards Hand. »Mir graut!«, sagte sie.

»Nein«, sagte Reinhard, »das muss es nicht. Hier ist es prächtig. Setz dich dort in den Schatten zwischen die Kräuter. Lass uns eine Weile ausruhen; wir finden die andern schon.«

Elisabeth setzte sich unter eine überhängende Buche und lauschte aufmerksam nach allen Seiten; Reinhard saß einige Schritte davon auf einem Baumstumpf und sah schweigend nach ihr hinüber. Die Sonne stand gerade über ihnen; es war glühende Mittagshitze; kleine goldglänzende, stahlblaue Fliegen standen flügelschwingend in der Luft; rings um sie her ein feines Schwirren und Summen, und manchmal hörte man tief im Walde das Hämmern der Spechte und das Kreischen der andern Waldvögel.

»Horch!«, sagte Elisabeth. »Es läutet.«

»Wo?«, fragte Reinhard.

»Hinter uns. Hörst du? Es ist Mittag.«

»Dann liegt hinter uns die Stadt; und wenn wir in dieser Richtung grade durchgehen, so müssen wir die andern treffen.«

So traten sie ihren Rückweg an; das Erdbeerensuchen hatten sie aufgegeben, denn Elisabeth war müde geworden. Endlich klang zwischen den Bäumen hindurch das Lachen der Gesellschaft; dann sahen sie auch ein weißes Tuch am

Boden schimmern, das war die Tafel, und darauf standen Erdbeeren in Hülle und Fülle. Der alte Herr hatte eine Serviette im Knopfloch und hielt den Jungen die Fortsetzung seiner moralischen Reden, während er eifrig an einem Braten herumtranschierte.

»Da sind die Nachzügler«, riefen die Jungen, als sie Reinhard und Elisabeth durch die Bäume kommen sahen.

»Hieher!«, rief der alte Herr, »Tücher ausgeleert, Hüte umgekehrt! Nun zeigt her, was ihr gefunden habt.«

»Hunger und Durst!«, sagte Reinhard.

»Wenn das alles ist«, erwiderte der Alte und hob ihnen die volle Schüssel entgegen, »so müsst ihr es auch behalten. Ihr kennt die Abrede; hier werden keine Müßiggänger gefüttert.« Endlich ließ er sich aber doch erbitten, und nun wurde Tafel gehalten; dazu schlug die Drossel aus den Wacholderbüschen.

So ging der Tag hin. – Reinhard hatte aber doch etwas gefunden; waren es keine Erdbeeren, so war es doch auch im Walde gewachsen. Als er nach Hause gekommen war, schrieb er in seinen alten Pergamentband:

Hier an der Bergeshalde
Verstummet ganz der Wind;
Die Zweige hängen nieder,
Darunter sitzt das Kind.

Sie sitzt in Thymiane,
Sie sitzt in lauter Duft;
Die blauen Fliegen summen
Und blitzen durch die Luft.

Es steht der Wald so schweigend,
Sie schaut so klug darein;
Um ihre braunen Locken
Hinfließt der Sonnenschein.

Der Kuckuck lacht von ferne,
Es geht mir durch den Sinn:
Sie hat die goldnen Augen
Der Waldeskönigin.

So war sie nicht allein sein Schützling; sie war ihm auch der Ausdruck für alles Liebliche und Wunderbare seines aufgehenden Lebens.

Da stand das Kind am Wege

Weihnachtabend kam heran. – Es war noch nachmittags, als Reinhard mit andern Studenten im Ratskeller am alten Eichentisch zusammensaß. Die Lampen an den Wänden waren angezündet, denn hier unten dämmerte es schon; aber die Gäste waren sparsam versammelt, die Kellner lehnten müßig an den Mauerpfeilern. In einem Winkel des Gewölbes saßen ein Geigenspieler und ein Zithermädchen mit feinen zigeunerhaften Zügen; sie hatten ihre Instrumente auf dem Schoße liegen und schienen teilnahmlos vor sich hinzusehen.

Am Studententische knallte ein Champagnerpfropfen. »Trinke, mein böhmisch Liebchen!«, rief ein junger Mann von junkerhaftem Äußern, indem er ein volles Glas zu dem Mädchen hinüberreichte.

»Ich mag nicht«, sagte sie, ohne ihre Stellung zu verändern.

»So singe!«, rief der Junker und warf ihr eine Silbermünze in den Schoß. Das Mädchen strich sich langsam mit den Fingern durch ihr schwarzes Haar, während der Geigenspieler ihr ins Ohr flüsterte; aber sie warf den Kopf zurück und stützte das Kinn auf ihre Zither. »Für den spiel ich nicht«, sagte sie.

Reinhard sprang mit dem Glase in der Hand auf und stellte sich vor sie.

»Was willst du?«, fragte sie trotzig.

»Deine Augen sehn.«

»Was gehn dich meine Augen an?«

Reinhard sah funkelnd auf sie nieder. »Ich weiß wohl, sie sind falsch!« – Sie legte ihre Wange in die flache Hand und sah ihn lauernd an. Reinhard hob sein Glas an den Mund. »Auf deine schönen, sündhaften Augen!«, sagte er und trank.

Sie lachte und warf den Kopf herum. »Gib!«, sagte sie, und indem sie ihre schwarzen Augen in die seinen heftete, trank sie langsam den Rest. Dann griff sie einen Dreiklang und sang mit tiefer, leidenschaftlicher Stimme:

»Heute, nur heute
Bin ich so schön;
Morgen, ach morgen
Muss alles vergehn!
Nur diese Stunde
Bist du noch mein;
Sterben, ach sterben
Soll ich allein.«

Während der Geigenspieler in raschem Tempo das Nachspiel einsetzte, gesellte sich ein neuer Ankömmling zu der Gruppe.

»Ich wollte dich abholen, Reinhard«, sagte er. »Du warst schon fort; aber das Christkind war bei dir eingekehrt.«

»Das Christkind?«, sagte Reinhard, »das kommt nicht mehr zu mir.«

»Ei was! Dein ganzes Zimmer roch nach Tannenbaum und braunen Kuchen.«

Reinhard setzte das Glas aus der Hand und griff nach seiner Mütze.

»Was willst du?«, fragte das Mädchen.

»Ich komme schon wieder.«

Sie runzelte die Stirn. »Bleib!«, rief sie leise und sah ihn vertraulich an.

Reinhard zögerte. »Ich kann nicht«, sagte er.

Sie stieß ihn lachend mit der Fußspitze. »Geh!«, sagte sie. »Du taugst nichts; ihr taugt alle miteinander nichts.« Und während sie sich abwandte, stieg Reinhard langsam die Kellertreppe hinauf.

Draußen auf der Straße war es tiefe Dämmerung; er fühlte die frische Winterluft an seiner heißen Stirn. Hie und da fiel der helle Schein eines brennenden Tannenbaums aus den Fenstern, dann und wann hörte man von drinnen das Geräusch von kleinen Pfeifen und Blechtrompeten und dazwischen jubelnde Kinderstimmen. Scharen von Bettelkindern gingen von Haus zu Haus oder stiegen auf die Treppengeländer und suchten durch die Fenster einen Blick in die versagte Herrlichkeit zu gewinnen. Mitunter wurde auch eine Tür plötzlich aufgerissen, und scheltende Stimmen trieben einen ganzen Schwarm solcher kleinen Gäste aus dem hellen Hause auf die dunkle Gasse hinaus; anderswo wurde auf dem Hausflur ein altes Weihnachtslied gesungen; es waren klare Mädchenstimmen darunter. Reinhard hörte sie nicht, er ging rasch an allem vorüber, aus einer Straße in die andere. Als er an seine Wohnung gekommen, war es fast völlig dunkel geworden; er stolperte die Treppe hinauf und trat in seine Stube. Ein süßer Duft schlug ihm entgegen; das heimelte ihn an, das roch wie zu Haus der Mutter Weihnachtsstube. Mit zitternder Hand zündete er sein Licht an; da lag ein mächtiges Paket auf dem Tisch, und als er es öffnete, fielen die wohlbekannten braunen Festkuchen heraus; auf einigen waren die Anfangsbuchstaben seines Namens in Zucker ausgestreut; das konnte niemand anders als Elisabeth getan haben. Dann kam ein Päckchen mit feiner gestickter Wäsche zum Vorschein, Tücher und Manschetten, zuletzt Briefe von der Mutter und von Elisabeth. Reinhard öffnete zuerst den Letzteren; Elisabeth schrieb:

»Die schönen Zuckerbuchstaben können dir wohl erzählen, wer bei den Kuchen mitgeholfen hat; dieselbe Person hat die Manschetten für dich gestickt. Bei uns wird es nun Weihnachtabend sehr still werden; meine Mutter stellt immer schon um halb zehn ihr Spinnrad in die Ecke; es ist gar so einsam diesen Winter, wo du nicht hier bist. Nun ist auch vorigen Sonntag der Hänfling gestorben, den du mir geschenkt hattest; ich habe sehr geweint, aber ich hab ihn doch immer gut gewartet. Der sang sonst immer nachmittags, wenn die Sonne auf sein Bauer schien; du weißt, die Mutter hing oft ein Tuch über, um ihn zu geschweigen, wenn er so recht aus Kräften sang. Da ist es nun noch stiller in der Kammer, nur dass dein alter Freund Erich uns jetzt mitunter besucht. Du sagtest einmal, er sähe seinem braunen Überrock ähnlich. Daran muss ich nun immer denken, wenn er zur Tür hereinkommt, und es ist gar zu komisch; sag es aber nicht zur Mutter, sie wird dann leicht verdrießlich. – Rat, was ich deiner Mutter zu Weihnachten schenke! Du rätst es nicht? Mich selber! Der Erich zeichnet mich in schwarzer Kreide; ich habe ihm schon dreimal sitzen müssen, jedes Mal eine ganze Stunde. Es war mir recht zuwider, dass der fremde Mensch mein Gesicht so auswendig lernte. Ich wollte auch nicht, aber die Mutter redete mir zu; sie sagte, es würde der guten Frau Werner eine gar große Freude machen.

Aber du hältst nicht Wort, Reinhard. Du hast keine Märchen geschickt. Ich habe dich oft bei deiner Mutter verklagt; sie sagt dann immer, du habest jetzt mehr zu tun als solche Kindereien. Ich glaub es aber nicht; es ist wohl anders.«

Nun las Reinhard auch den Brief seiner Mutter, und als er beide Briefe gelesen und langsam wieder zusammengefaltet und weggelegt hatte, überfiel ihn unerbittliches Heimweh. Er ging eine Zeitlang in seinem Zimmer auf und nieder; er sprach leise und dann halb verständlich zu sich selbst:

»Er wäre fast verirret
Und wusste nicht hinaus;
Da stand das Kind am Wege
Und winkte ihm nach Haus!«

Dann trat er an sein Pult, nahm einiges Geld heraus und ging wieder auf die Straße hinab. – Hier war es mittlerweile stiller geworden; die Weihnachtsbäume waren ausgebrannt, die Umzüge der Kinder hatten aufgehört. Der Wind fegte durch die einsamen Straßen; Alte und Junge saßen in ihren Häusern familienweise zusammen; der zweite Abschnitt des Weihnachtabends hatte begonnen. –

Als Reinhard in die Nähe des Ratskellers kam, hörte er aus der Tiefe herauf Geigenstrich und den Gesang des Zithermädchens; nun klingelte unten die Kellertür, und eine dunkle Gestalt schwankte die breite, matt erleuchtete Treppe herauf. Reinhard trat in den Häuserschatten und ging dann rasch vorüber. Nach einer Weile erreichte er den erleuchteten Laden eines Juweliers; und nachdem er hier ein kleines Kreuz von roten Korallen eingehandelt hatte, ging er auf demselben Wege, den er gekommen war, wieder zurück.

Nicht weit von seiner Wohnung bemerkte er ein kleines, in klägliche Lumpen gehülltes Mädchen an einer hohen Haustür stehen, in vergeblicher Bemühung, sie zu öffnen. »Soll ich dir helfen?«, sagte er. Das Kind erwiderte nichts, ließ aber die schwere Türklinke fahren. Reinhard hatte schon die Tür geöffnet. »Nein«, sagte er, »sie könnten dich hinausjagen; komm mit mir! Ich will dir Weihnachtskuchen geben.« Dann machte er die Tür wieder zu und fasste das kleine Mädchen an der Hand, das stillschweigend mit ihm in seine Wohnung ging.

Er hatte das Licht beim Weggehen brennen lassen. »Hier hast du Kuchen«, sagte er, und gab ihr die Hälfte seines ganzen Schatzes in ihre Schürze, nur keine mit den Zuckerbuchstaben. »Nun geh nach Hause und gib deiner Mutter auch davon.« Das Kind sah mit einem scheuen Blick zu ihm hinauf; es schien solcher Freundlichkeit ungewohnt und nichts darauf erwidern zu können. Reinhard machte die

Tür auf und leuchtete ihr, und nun flog die Kleine wie ein Vogel mit ihren Kuchen die Treppe hinab und zum Hause hinaus.

Reinhard schürte das Feuer in seinem Ofen an und stellte das bestaubte Dintenfass auf seinen Tisch; dann setzte er sich hin und schrieb, und schrieb die ganze Nacht Briefe an seine Mutter, an Elisabeth. Der Rest der Weihnachtskuchen lag unberührt neben ihm; aber die Manschetten von Elisabeth hatte er angeknüpft, was sich gar wunderlich zu seinem weißen Flausrock ausnahm. So saß er noch, als die Wintersonne auf die gefrorenen Fensterscheiben fiel und ihm gegenüber im Spiegel ein blasses, ernstes Antlitz zeigte.

Daheim

Als es Ostern geworden war, reiste Reinhard in die Heimat. Am Morgen nach seiner Ankunft ging er zu Elisabeth. »Wie groß du geworden bist!«, sagte er, als das schöne schmächtige Mädchen ihm lächelnd entgegenkam. Sie errötete, aber sie erwiderte nichts; ihre Hand, die er beim Willkommen in die seine genommen, suchte sie ihm sanft zu entziehen. Er sah sie zweifelnd an; das hatte sie früher nicht getan; nun war es, als träte etwas Fremdes zwischen sie. – Das blieb auch, als er schon länger dagewesen und als er Tag für Tag immer wiedergekommen war. Wenn sie allein zusammensaßen, entstanden Pausen, die ihm peinlich waren und denen er dann ängstlich zuvorzukommen suchte. Um während der Ferienzeit eine bestimmte Unterhaltung zu haben, fing er an, Elisabeth in der Botanik zu unterrichten, womit er sich in den ersten Monaten seines Universitätslebens angelegentlich beschäftigt hatte. Elisabeth, die ihm in allem zu folgen gewohnt und überdies lehrhaft war, ging bereitwillig darauf ein. Nun wurden mehrere Male in der Woche Exkursionen ins Feld oder in die Heiden gemacht; und hatten sie dann mittags die grüne Botanisierkapsel voll Kraut und Blumen nach Hause gebracht, so kam Reinhard einige Stunden später wieder, um mit Elisabeth den gemeinschaftlichen Fund zu teilen.

In solcher Absicht trat er eines Nachmittags ins Zimmer, als Elisabeth am Fenster stand und ein vergoldetes Vogelbauer, das er sonst nicht dort gesehen, mit frischem Hühnerschwarm besteckte. Im Bauer saß ein Kanarienvogel, der mit den Flügeln schlug und kreischend nach Elisabeths Finger pickte. Sonst hatte Reinhards Vogel an dieser Stelle gehangen. »Hat mein armer Hänfling sich nach seinem Tode in einen Goldfinken verwandelt?«, fragte er heiter.

»Das pflegen die Hänflinge nicht«, sagte die Mutter, welche spinnend im Lehnstuhle saß. »Ihr Freund Erich hat ihn heut Mittag für Elisabeth von seinem Hofe hereingeschickt.«

»Von welchem Hofe?«

»Das wissen Sie nicht?«

»Was denn?«

»Dass Erich seit einem Monat den zweiten Hof seines Vaters am Immensee angetreten hat?«

»Aber Sie haben mir kein Wort davon gesagt.«

»Ei«, sagte die Mutter, »Sie haben sich auch noch mit keinem Worte nach Ihrem Freunde erkundigt. Er ist ein gar lieber, verständiger junger Mann.«

Die Mutter ging hinaus, um den Kaffee zu besorgen; Elisabeth hatte Reinhard den Rücken zugewandt und war noch mit dem Bau ihrer kleinen Laube beschäftigt. »Bitte, nur ein kleines Weilchen«, sagte sie; »gleich bin ich fertig.« – Da Reinhard wider seine Gewohnheit nicht antwortete, so wandte sie sich um. In seinen Augen lag ein plötzlicher Ausdruck von Kummer, den sie nie darin gewahrt hatte. »Was fehlt dir, Reinhard?«, fragte sie, indem sie nahe zu ihm trat.

»Mir?«, fragte er gedankenlos und ließ seine Augen träumerisch in den ihren ruhen.

»Du siehst so traurig aus.«

»Elisabeth«, sagte er, »ich kann den gelben Vogel nicht leiden.«

Sie sah ihn staunend an; sie verstand ihn nicht. »Du bist so sonderbar«, sagte sie.

Er nahm ihre beiden Hände, die sie ruhig in den seinen ließ. Bald trat die Mutter wieder herein.

Nach dem Kaffee setzte diese sich an ihr Spinnrad; Reinhard und Elisabeth gingen ins Nebenzimmer, um ihre Pflanzen zu ordnen. Nun wurden Staubfäden gezählt, Blätter und Blüten sorgfältig ausgebreitet und von jeder Art zwei Exemplare zum Trocknen zwischen die Blätter eines großen Folianten gelegt. Es war sonnige Nachmittagsstille; nur nebenan schnurrte der Mutter Spinnrad, und von Zeit zu Zeit wurde Reinhards gedämpfte Stimme gehört, wenn er die Ordnungen und Klassen der Pflanzen nannte oder Elisabeths ungeschickte Aussprache der lateinischen Namen korrigierte.

»Mir fehlt noch von neulich die Maiblume«, sagte sie jetzt, als der ganze Fund bestimmt und geordnet war.

Reinhard zog einen kleinen weißen Pergamentband aus

der Tasche. »Hier ist ein Maiblumenstängel für dich«, sagte er, indem er die halb getrocknete Pflanze herausnahm.

Als Elisabeth die beschriebenen Blätter sah, fragte sie: »Hast du wieder Märchen gedichtet?«

»Es sind keine Märchen«, antwortete er und reichte ihr das Buch.

Es waren lauter Verse, die meisten füllten höchstens eine Seite. Elisabeth wandte ein Blatt nach dem andern um; sie schien nur die Überschriften zu lesen: »Als sie vom Schulmeister gescholten war.« »Als sie sich im Walde verirrt hatten.« »Mit dem Ostermärchen.« »Als sie mir zum ersten Mal geschrieben hatte«; in der Weise lauteten fast alle. Reinhard blickte forschend zu ihr hin, und indem sie immer weiter blätterte, sah er, wie zuletzt auf ihrem klaren Antlitz ein zartes Rot hervorbrach und es allmählich ganz überzog. Er wollte ihre Augen sehen; aber Elisabeth sah nicht auf und legte das Buch am Ende schweigend vor ihm hin.

»Gib es mir nicht so zurück!«, sagte er.

Sie nahm ein braunes Reis aus der Blechkapsel. »Ich will dein Lieblingskraut hineinlegen«, sagte sie und gab ihm das Buch in seine Hände. – –

Endlich kam der letzte Tag der Ferienzeit und der Morgen der Abreise. Auf ihre Bitte erhielt Elisabeth von der Mutter die Erlaubnis, ihren Freund an den Postwagen zu begleiten, der einige Straßen von ihrer Wohnung seine Station hatte. Als sie vor die Haustür traten, gab Reinhard ihr den Arm; so ging er schweigend neben dem schlanken Mädchen her. Je näher sie ihrem Ziele kamen, desto mehr war es ihm, er habe ihr, ehe er auf so lange Abschied nehme, etwas Notwendiges mitzuteilen – etwas, wovon aller Wert und alle Lieblichkeit seines künftigen Lebens abhänge, und doch konnte er sich des erlösenden Wortes nicht bewusst werden. Das ängstigte ihn; er ging immer langsamer.

»Du kommst zu spät«, sagte sie, »es hat schon zehn geschlagen auf St. Marien.«

Er ging aber darum nicht schneller. Endlich sagte er stammelnd: »Elisabeth, du wirst mich nun in zwei Jahren gar nicht sehen – – wirst du mich wohl noch ebenso lieb haben wie jetzt, wenn ich wieder da bin?«

Sie nickte und sah ihm freundlich ins Gesicht. – »Ich habe dich auch verteidigt«, sagte sie nach einer Pause.

»Mich? Gegen wen hattest du das nötig?«

»Gegen meine Mutter. Wir sprachen gestern Abend, als du weggegangen warst, noch lange über dich. Sie meinte, du seist nicht mehr so gut, wie du gewesen.«

Reinhard schwieg einen Augenblick; dann aber nahm er ihre Hand in die seine, und indem er ihr ernst in ihre Kinderaugen blickte, sagte er: »Ich bin noch ebenso gut, wie ich gewesen bin; glaube du das nur fest! Glaubst du es, Elisabeth?«

»Ja«, sagte sie. Er ließ ihre Hand los und ging rasch mit ihr durch die letzte Straße. Je näher ihm der Abschied kam, desto freudiger ward sein Gesicht; er ging ihr fast zu schnell.

»Was hast du, Reinhard?«, fragte sie.

»Ich habe ein Geheimnis, ein schönes!«, sagte er und sah sie mit leuchtenden Augen an. »Wenn ich nach zwei Jahren wieder da bin, dann sollst du es erfahren.«

Mittlerweile hatten sie den Postwagen erreicht; es war noch eben Zeit genug. Noch einmal nahm Reinhard ihre Hand. »Leb wohl!«, sagte er, »leb wohl, Elisabeth. Vergiss es nicht.«

Sie schüttelte mit dem Kopf. »Leb wohl!«, sagte sie. Reinhard stieg hinein, und die Pferde zogen an.

Als der Wagen um die Straßenecke rollte, sah er noch einmal ihre liebe Gestalt, wie sie langsam den Weg zurückging.

Ein Brief

Fast zwei Jahre nachher saß Reinhard vor seiner Lampe zwischen Büchern und Papieren in Erwartung eines Freundes, mit welchem er gemeinschaftliche Studien übte. Man kam die Treppe herauf. »Herein!« – Es war die Wirtin. »Ein Brief für Sie, Herr Werner!« Dann entfernte sie sich wieder.

Reinhard hatte seit seinem Besuch in der Heimat nicht an Elisabeth geschrieben und von ihr keinen Brief mehr erhalten. Auch dieser war nicht von ihr; es war die Hand seiner Mutter. Reinhard brach und las, und bald las er Folgendes:

»In deinem Alter, mein liebes Kind, hat noch fast jedes Jahr sein eigenes Gesicht; denn die Jugend lässt sich nicht ärmer machen. Hier ist auch manches anders geworden, was dir wohl erstan weh tun wird, wenn ich dich sonst recht verstanden habe. Erich hat sich gestern endlich das Jawort von Elisabeth geholt, nachdem er in dem letzten Vierteljahr zweimal vergebens angefragt hatte. Sie hat sich immer nicht dazu entschließen können; nun hat sie es endlich doch getan; sie ist auch noch gar so jung. Die Hochzeit soll bald sein, und die Mutter wird dann mit ihnen fortgehen.«

Wiederum waren Jahre vorüber. – Auf einem abwärtsführenden schattigen Waldwege wanderte an einem warmen Frühlingsnachmittage ein junger Mann mit kräftigem, gebräuntem Antlitz. Mit seinen ernsten grauen Augen sah er gespannt in die Ferne, als erwarte er endlich eine Veränderung des einförmigen Weges, die jedoch immer nicht eintreten wollte. Endlich kam ein Karrenfuhrwerk langsam von unten herauf. »Holla! guter Freund«, rief der Wanderer dem neben gehenden Bauer zu, »geht's hier recht nach Immensee?«

»Immer gradaus«, antwortete der Mann und rückte an seinem Rundhute.

»Hat's denn noch weit bis dahin?«

»Der Herr ist dicht davor. Keine halbe Pfeif Tobak, so haben S' den See; das Herrenhaus liegt hart daran.«

Der Bauer fuhr vorüber; der andere ging eiliger unter den Bäumen entlang. Nach einer Viertelstunde hörte ihm zur Linken plötzlich der Schatten auf; der Weg führte an einem Abhang, aus dem die Gipfel hundertjähriger Eichen nur kaum hervorragten. Über sie hinweg öffnete sich eine weite, sonnige Landschaft. Tief unten lag der See, ruhig, dunkelblau, fast ringsum von grünen, sonnbeschienenen Wäldern umgeben; nur an einer Stelle traten sie auseinander und gewährten eine tiefe Fernsicht, bis auch diese durch blaue Berge geschlossen wurde. Quer gegenüber, mitten in dem grünen Laub der Wälder, lag es wie Schnee darüber her; das waren blühende Obstbäume, und daraus hervor auf dem hohen Ufer erhob sich das Herrenhaus, weiß mit roten Ziegeln. Ein Storch flog vom Schornstein auf und kreiste langsam über dem Wasser. – »Immensee!«, rief der Wanderer. Es war fast, als hätte er jetzt das Ziel seiner Reise erreicht; denn er stand unbeweglich und sah über die Gipfel der Bäume zu seinen Füßen hinüber ans andere Ufer, wo das Spiegelbild des Herrenhauses leise schaukelnd auf dem Wasser schwamm. Dann setzte er plötzlich seinen Weg fort.

Es ging jetzt fast steil den Berg hinab, sodass die unten stehenden Bäume wieder Schatten gewährten, zugleich aber die Aussicht auf den See verdeckten, der nur zuweilen zwischen den Lücken der Zweige hindurchblitzte. Bald ging es wieder sanft empor, und nun verschwand rechts und links die Holzung; stattdessen streckten sich dichtbelaubte Weinhügel am Wege entlang; zu beiden Seiten desselben standen blühende Obstbäume voll summender, wühlender Bienen. Ein stattlicher Mann in braunem Überrock kam dem Wanderer entgegen. Als er ihn fast erreicht hatte, schwenkte er seine Mütze und rief mit heller Stimme: »Willkommen, willkommen, Bruder Reinhard! Willkommen auf Gut Immensee!«

»Gott grüß' dich, Erich, und Dank für dein Willkommen!«, rief ihm der andere entgegen.

Dann waren sie zueinandergekommen und reichten sich die Hände. »Bist du es denn aber auch?«, sagte Erich, als er so nahe in das ernste Gesicht seines alten Schulkameraden sah.

»Freilich bin ich's, Erich, und du bist es auch; nur siehst du noch fast heiterer aus, als du schon sonst immer getan hast.«

Ein frohes Lächeln machte Erichs einfache Züge bei diesen Worten noch um vieles heiterer. »Ja, Bruder Reinhard«, sagte er, diesem noch einmal seine Hand reichend, »ich habe aber auch seitdem das große Los gezogen, du weißt es ja.« Dann rieb er sich die Hände und rief vergnügt: »Das wird eine Überraschung! Den erwartet sie nicht, in alle Ewigkeit nicht!«

»Eine Überraschung?«, fragte Reinhard. »Für wen denn?«

»Für Elisabeth.«

»Elisabeth! Du hast ihr nicht von meinem Besuch gesagt?«

»Kein Wort, Bruder Reinhard; sie denkt nicht an dich, die Mutter auch nicht. Ich hab dich ganz im Geheim verschrieben, damit die Freude desto größer sei. Du weißt, ich hatte immer so meine stillen Plänchen.«

Reinhard wurde nachdenklich; der Atem schien ihm schwer zu werden, je näher sie dem Hofe kamen. An der linken Seite des Weges hörten nun auch die Weingärten auf und machten einem weitläuftigen Küchengarten Platz, der sich bis fast an das Ufer des Sees hinabzog. Der Storch hatte sich mittlerweile niedergelassen und spazierte gravitätisch zwischen den Gemüsebeeten umher. »Holla!«, rief Erich, in die Hände klatschend, »stiehlt mir der hochbeinige Ägypter schon wieder meine kurzen Erbsenstangen!« Der Vogel erhob sich langsam und flog auf das Dach eines neuen Gebäudes, das am Ende des Küchengartens lag und dessen Mauern mit aufgebundenen Pfirsich- und Aprikosenbäumen überzweigt waren. »Das ist die Spritfabrik«, sagte Erich; »ich habe sie erst vor zwei Jahren angelegt. Die Wirtschaftsgebäude hat mein Vater selig neu aufsetzen lassen; das Wohnhaus ist schon von meinem Großvater gebaut worden. So kommt man immer ein bisschen weiter.«

Sie waren bei diesen Worten auf einen geräumigen Platz

gekommen, der an den Seiten durch die ländlichen Wirtschaftsgebäude, im Hintergrunde durch das Herrenhaus begrenzt wurde, an dessen beide Flügel sich eine hohe Gartenmauer anschloss; hinter dieser sah man die Züge dunkler Taxuswände, und hin und wieder ließen Syringenbäume ihre blühenden Zweige in den Hofraum hinunterhängen. Männer mit sonnen- und arbeitsheißen Gesichtern gingen über den Platz und grüßten die Freunde, während Erich dem einen und dem andern einen Auftrag oder eine Frage über ihr Tagewerk entgegenrief. – Dann hatten sie das Haus erreicht. Ein hoher, kühler Hausflur nahm sie auf, an dessen Ende sie links in einen etwas dunkleren Seitengang einbogen. Hier öffnete Erich eine Tür, und sie traten in einen geräumigen Gartensaal, der durch das Laubgedränge, welches die gegenüberliegenden Fenster bedeckte, zu beiden Seiten mit grüner Dämmerung erfüllt war; zwischen diesen aber ließen zwei hohe, weit geöffnete Flügeltüren den vollen Glanz der Frühlingssonne hereinfallen und gewährten die Aussicht in einen Garten mit gezirkelten Blumenbeeten und hohen steilen Laubwänden, geteilt durch einen graden breiten Gang, durch welchen man auf den See und weiter auf die gegenüberliegenden Wälder hinaussah. Als die Freunde hineintraten, trug die Zugluft ihnen einen Strom von Duft entgegen.

Auf einer Terrasse vor der Gartentür saß eine weiße, mädchenhafte Frauengestalt. Sie stand auf und ging den Eintretenden entgegen; aber auf halbem Wege blieb sie wie angewurzelt stehen und starrte den Fremden unbeweglich an. Er streckte ihr lächelnd die Hand entgegen. »Reinhard!«, rief sie, »Reinhard! Mein Gott, du bist es! – Wir haben uns lange nicht gesehen.«

»Lange nicht«, sagte er und konnte nichts weiter sagen; denn als er ihre Stimme hörte, fühlte er einen feinen körperlichen Schmerz am Herzen, und wie er zu ihr aufblickte, stand sie vor ihm, dieselbe leichte zärtliche Gestalt, der er vor Jahren in seiner Vaterstadt Lebewohl gesagt hatte.

Erich war mit freudestrahlendem Antlitz an der Tür zurückgeblieben. »Nun, Elisabeth«, sagte er, »gelt! den hättest du nicht erwartet, den in alle Ewigkeit nicht!«

Elisabeth sah ihn mit schwesterlichen Augen an. »Du bist so gut, Erich!«, sagte sie.

Er nahm ihre schmale Hand liebkosend in die seinen. »Und nun wir ihn haben«, sagte er, »nun lassen wir ihn so bald nicht wieder los. Er ist so lange draußen gewesen, wir wollen ihn wieder heimisch machen. Schau nur, wie fremd und vornehm er aussehen worden ist.«

Ein scheuer Blick Elisabeths streifte Reinhards Antlitz. »Es ist nur die Zeit, die wir nicht beisammen waren«, sagte er.

In diesem Augenblick kam die Mutter mit einem Schlüsselkörbchen am Arm zur Tür herein. »Herr Werner!«, sagte sie, als sie Reinhard erblickte; »ei, ein ebenso lieber als unerwarteter Gast.« – Und nun ging die Unterhaltung in Fragen und Antworten ihren ebenen Tritt. Die Frauen setzten sich zu ihrer Arbeit, und während Reinhard die für ihn bereiteten Erfrischungen genoss, hatte Erich seinen soliden Meerschaumkopf angebrannt und saß dampfend und diskurrierend an seiner Seite.

Am andern Tage musste Reinhard mit ihm hinaus; auf die Äcker, in die Weinberge, in den Hopfengarten, in die Spritfabrik. Es war alles wohl bestellt: die Leute, welche auf dem Felde und bei den Kesseln arbeiteten, hatten alle ein gesundes und zufriedenes Aussehen. Zu Mittag kam die Familie im Gartensaal zusammen, und der Tag wurde dann, je nach der Muße der Wirte, mehr oder minder gemeinschaftlich verlebt. Nur die Stunden vor dem Abendessen, wie die ersten des Vormittags, blieb Reinhard arbeitend auf seinem Zimmer. Er hatte seit Jahren, wo er deren habhaft werden konnte, die im Volke lebenden Reime und Lieder gesammelt und ging nun daran, seinen Schatz zu ordnen und womöglich mit neuen Aufzeichnungen aus der Umgegend zu vermehren. – Elisabeth war zu allen Zeiten sanft und freundlich; Erichs immer gleichbleibende Aufmerksamkeit nahm sie mit einer fast demütigen Dankbarkeit auf, und Reinhard dachte mitunter, das heitere Kind von ehedem habe wohl eine weniger stille Frau versprochen.

Seit dem zweiten Tage seines Hierseins pflegte er abends einen Spaziergang an dem Ufer des Sees zu machen. Der Weg führte hart unter dem Garten vorbei. Am Ende desselben, auf einer vorspringenden Bastei, stand eine Bank unter hohen Birken; die Mutter hatte sie die Abendbank getauft, weil der Platz gegen Abend lag und des Sonnenuntergangs halber um diese Zeit am meisten benutzt wurde. – Von einem Spaziergange auf diesem Wege kehrte Reinhard eines Abends zurück, als er vom Regen überrascht wurde. Er suchte Schutz unter einer am Wasser stehenden Linde; aber die schweren Tropfen schlugen bald durch die Blätter. Durchnässt wie er war, ergab er sich darein und setzte langsam seinen Rückweg fort. Es war fast dunkel; der Regen fiel immer dichter. Als er sich der Abendbank näherte, glaubte er zwischen den schimmernden Birkenstämmen eine weiße Frauengestalt zu unterscheiden. Sie stand unbeweglich und, wie er beim Näherkommen zu erkennen meinte, zu ihm hingewandt, als wenn sie jemanden erwarte. Er glaubte, es sei Elisabeth. Als er aber rascher zuschritt, um sie zu erreichen und dann mit ihr zusammen durch den Garten ins Haus zurückzukehren, wandte sie sich langsam ab und verschwand in die dunkeln Seitengänge. Er konnte das nicht reimen; er war aber fast zornig auf Elisabeth, und dennoch zweifelte er, ob sie es gewesen sei; aber er scheute sich, sie danach zu fragen; ja, er ging bei seiner Rückkehr nicht in den Gartensaal, nur um Elisabeth nicht etwa durch die Gartentür hereintreten zu sehen.

Meine Mutter hat's gewollt

Einige Tage nachher, es ging schon gegen Abend, saß die Familie, wie gewöhnlich um diese Zeit, im Gartensaal zusammen. Die Türen standen offen; die Sonne war schon hinter den Wäldern jenseit des Sees.

Reinhard wurde um die Mitteilung einiger Volkslieder gebeten, welche er am Nachmittage von einem auf dem Lande wohnenden Freunde geschickt bekommen hatte. Er ging auf sein Zimmer und kam gleich darauf mit einer Papierrolle zurück, welche aus einzelnen sauber geschriebenen Blättern zu bestehen schien.

Man setzte sich an den Tisch, Elisabeth an Reinhards Seite. »Wir lesen auf gut Glück«, sagte er, »ich habe sie selber noch nicht durchgesehen.«

Elisabeth rollte das Manuskript auf. »Hier sind Noten«, sagte sie, »das musst du singen, Reinhard.«

Und dieser las nun zuerst einige Tiroler Schnaderhüpferl, indem er beim Lesen je zuweilen die lustige Melodie mit halber Stimme anklingen ließ. Eine allgemeine Heiterkeit bemächtigte sich der kleinen Gesellschaft. »Wer hat doch aber die schönen Lieder gemacht?«, fragte Elisabeth.

»Ei«, sagte Erich, »das hört man den Dingern schon an; Schneidergesellen und Friseure und derlei luftiges Gesindel.«

Reinhard sagte: »Sie werden gar nicht gemacht; sie wachsen, sie fallen aus der Luft, sie fliegen über Land wie Marienga rn, hierhin und dorthin, und werden an tausend Stellen zugleich gesungen. Unser eigenstes Tun und Leiden finden wir in diesen Liedern; es ist, als ob wir alle an ihnen mitgeholfen hätten.«

Er nahm ein anderes Blatt: »Ich stand auf hohen Bergen ...«

»Das kenne ich!«, rief Elisabeth. »Stimme nur an, Reinhard, ich will dir helfen.« Und nun sangen sie jene Melodie, die so rätselhaft ist, dass man nicht glauben kann, sie sei von Menschen erdacht worden; Elisabeth mit ihrer etwas verdeckten Altstimme dem Tenor sekundierend.

Die Mutter saß inzwischen emsig an ihrer Näherei. Erich hatte die Hände ineinandergelegt und hörte andächtig zu. Als das Lied zu Ende war, legte Reinhard das Blatt schweigend beiseite. – Vom Ufer des Sees herauf kam durch die Abendstille das Geläute der Herdenglocken; sie horchten unwillkürlich; da hörten sie eine klare Knabenstimme singen:

»Ich stand auf hohen Bergen
Und sah ins tiefe Tal ...«

Reinhard lächelte: »Hört ihr es wohl? So geht's von Mund zu Mund.«

»Es wird oft in dieser Gegend gesungen«, sagte Elisabeth.

»Ja«, sagte Erich, »es ist der Hirtenkaspar; er treibt die Starken heim.«

Sie horchten noch eine Weile, bis das Geläute oben hinter den Wirtschaftsgebäuden verschwunden war. »Das sind Urtöne«, sagte Reinhard; »sie schlafen in Waldesgründen; Gott weiß, wer sie gefunden hat.«

Er zog ein neues Blatt heraus.

Es war schon dunkler geworden; ein roter Abendschein lag wie Schaum auf den Wäldern jenseit des Sees. Reinhard rollte das Blatt auf, Elisabeth legte an der einen Seite ihre Hand darauf und sah mit hinein. Dann las Reinhard:

»Meine Mutter hat's gewollt,
Den andern ich nehmen sollt;
Was ich zuvor besessen,
Mein Herz sollt es vergessen;
Das hat es nicht gewollt.

Meine Mutter klag ich an,
Sie hat nicht wohl getan;
Was sonst in Ehren stünde,
Nun ist es worden Sünde.
Was fang ich an!

Für all mein Stolz und Freud
Gewonnen hab ich Leid.

Ach, wär das nicht geschehen,
Ach, könnt ich betteln gehen
Über die braune Heid!«

Während des Lesens hatte Reinhard ein unmerkliches Zittern des Papiers empfunden; als er zu Ende war, schob Elisabeth leise ihren Stuhl zurück und ging schweigend in den Garten hinab. Ein Blick der Mutter folgte ihr. Erich wollte nachgehen; doch die Mutter sagte: »Elisabeth hat draußen zu tun.« So unterblieb es.

Draußen aber legte sich der Abend mehr und mehr über Garten und See, die Nachtschmetterlinge schossen surrend an den offenen Türen vorüber, durch welche der Duft der Blumen und Gesträuche immer stärker hereindrang; vom Wasser herauf kam das Geschrei der Frösche, unter den Fenstern schlug eine Nachtigall, tiefer im Garten eine andere; der Mond sah über die Bäume. Reinhard blickte noch eine Weile auf die Stelle, wo Elisabeths feine Gestalt zwischen den Laubgängen verschwunden war; dann rollte er sein Manuskript zusammen, grüßte die Anwesenden und ging durchs Haus an das Wasser hinab.

Die Wälder standen schweigend und warfen ihr Dunkel weit auf den See hinaus, während die Mitte desselben in schwüler Mondesdämmerung lag. Mitunter schauerte ein leises Säuseln durch die Bäume; aber es war kein Wind, es war nur das Atmen der Sommernacht. Reinhard ging immer am Ufer entlang. Einen Steinwurf vom Lande konnte er eine weiße Wasserlilie erkennen. Auf einmal wandelte ihn die Lust an, sie in der Nähe zu sehen; er warf seine Kleider ab und stieg ins Wasser. Es war flach, scharfe Pflanzen und Steine schnitten ihn an den Füßen, und er kam immer nicht in die zum Schwimmen nötige Tiefe. Dann war es plötzlich unter ihm weg, die Wasser quirlten über ihm zusammen, und es dauerte eine Zeitlang, ehe er wieder auf die Oberfläche kam. Nun regte er Hand und Fuß und schwamm im Kreise umher, bis er sich bewusst geworden, von wo er hineingegangen war. Bald sah er auch die Lilie wieder; sie lag einsam zwischen den großen blanken Blättern. – Er schwamm langsam hinaus und hob mitunter die Arme aus dem Wasser, dass die herabrieselnden Tropfen im Mondlicht blitzten; aber es war, als ob die Entfernung zwischen ihm und der Blume dieselbe bliebe; nur das Ufer lag, wenn er sich umblickte, in immer ungewisserem Dufte hinter ihm. Er gab indes sein Unternehmen nicht auf, sondern schwamm rüstig in derselben Richtung fort. Endlich war er der Blume so nahe gekommen, dass er die silbernen Blätter deutlich im Mondlicht unterscheiden konnte; zugleich aber fühlte er sich wie in einem Netze verstrickt; die glatten Stängel langten vom Grunde herauf und rankten sich an seine nackten Glieder. Das unbekannte Wasser lag so schwarz um ihn her, hinter sich hörte er das Springen eines Fisches; es wurde ihm plötzlich so unheimlich in dem fremden Elemente, dass er mit Gewalt das Gestrick der Pflanzen zerriss und in atemloser Hast dem Lande zuschwamm. Als er von hier auf den See zurückblickte, lag die Lilie wie zuvor fern und einsam über der dunkeln Tiefe. – Er kleidete sich an und ging langsam nach Hause zurück. Als er aus dem Garten in den Saal trat, fand er Erich und die Mutter in den Vorbereitungen einer kleinen Geschäftsreise, welche am andern Tage vor sich gehen sollte.

»Wo sind denn Sie so spät in der Nacht gewesen?«, rief ihm die Mutter entgegen.

»Ich?«, erwiderte er; »ich wollte die Wasserlilie besuchen; es ist aber nichts daraus geworden.«

»Das versteht wieder einmal kein Mensch!«, sagte Erich. »Was Tausend hattest du denn mit der Wasserlilie zu tun?«

»Ich habe sie früher einmal gekannt«, sagte Reinhard; »es ist aber schon lange her.«

Elisabeth

Am folgenden Nachmittag wanderten Reinhard und Elisabeth jenseit des Sees, bald durch die Holzung, bald auf dem hohen vorspringenden Uferrande. Elisabeth hatte von Erich den Auftrag erhalten, während seiner und der Mutter Abwesenheit Reinhard mit den schönsten Aussichten der nächsten Umgegend, namentlich von der andern Uferseite auf den Hof selber, bekannt zu machen. Nun gingen sie von einem Punkt zum andern. Endlich wurde Elisabeth müde und setzte sich in den Schatten überhängender Zweige, Reinhard stand ihr gegenüber an einen Baumstamm gelehnt; da hörte er tiefer im Walde den Kuckuck rufen, und es kam ihm plötzlich, dies alles sei schon einmal ebenso gewesen. Er sah sie seltsam lächelnd an. »Wollen wir Erdbeeren suchen?«, fragte er.

»Es ist keine Erdbeerenzeit«, sagte sie.

»Sie wird aber bald kommen.«

Elisabeth schüttelte schweigend den Kopf; dann stand sie auf, und beide setzten ihre Wanderung fort; und wie sie so an seiner Seite ging, wandte sein Blick sich immer wieder nach ihr hin; denn sie ging schön, als wenn sie von ihren Kleidern getragen würde. Er blieb oft unwillkürlich einen Schritt zurück, um sie ganz und voll ins Auge fassen zu können. So kamen sie an einen freien, heidebewachsenen Platz mit einer weit ins Land reichenden Aussicht. Reinhard bückte sich und pflückte etwas von den am Boden wachsenden Kräutern. Als er wieder aufsah, trug sein Gesicht den Ausdruck leidenschaftlichen Schmerzes. »Kennst du diese Blume?«, sagte er.

Sie sah ihn fragend an. »Es ist eine Erika. Ich habe sie oft im Walde gepflückt.«

»Ich habe zu Hause ein altes Buch«, sagte er; »ich pflegte sonst allerlei Lieder und Reime hineinzuschreiben; es ist aber lange nicht mehr geschehen. Zwischen den Blättern liegt auch eine Erika; aber es ist nur eine verwelkte. Weißt du, wer sie mir gegeben hat?«

Sie nickte stumm; aber sie schlug die Augen nieder und sah nur auf das Kraut, das er in der Hand hielt. So standen sie lange. Als sie die Augen gegen ihn aufschlug, sah er, dass sie voll Tränen waren.

»Elisabeth«, sagte er, »hinter jenen blauen Bergen liegt unsere Jugend. Wo ist sie geblieben?«

Sie sprachen nichts mehr; sie gingen stumm nebeneinander zum See hinab. Die Luft war schwül, im Westen stieg schwarzes Gewölk auf. »Es wird Gewitter«, sagte Elisabeth, indem sie ihren Schritt beeilte. Reinhard nickte schweigend, und beide gingen rasch am Ufer entlang, bis sie ihren Kahn erreicht hatten.

Während der Überfahrt ließ Elisabeth ihre Hand auf dem Rande des Kahnes ruhen. Er blickte beim Rudern zu ihr hinüber; sie aber sah an ihm vorbei in die Ferne. So glitt sein Blick herunter und blieb auf ihrer Hand; und diese blasse Hand verriet ihm, was ihr Antlitz ihm verschwiegen hatte. Er sah auf ihr jenen feinen Zug geheimen Schmerzes, der sich so gern schöner Frauenhände bemächtigt, die nachts auf krankem Herzen liegen. – Als Elisabeth sein Auge auf ihrer Hand ruhen fühlte, ließ sie sie langsam über Bord ins Wasser gleiten.

Auf dem Hofe angekommen, trafen sie einen Scherenschleiferkarren vor dem Herrenhause; ein Mann mit schwarzen niederhängenden Locken trat emsig das Rad und summte eine Zigeunermelodie zwischen den Zähnen, während ein eingeschirrter Hund schnaufend daneben lag. Auf dem Hausflur stand in Lumpen gehüllt ein Mädchen mit verstörten schönen Zügen und streckte bettelnd die Hand gegen Elisabeth aus.

Reinhard griff in seine Tasche; aber Elisabeth kam ihm zuvor und schüttete hastig den ganzen Inhalt ihrer Börse in die offene Hand der Bettlerin. Dann wandte sie sich eilig ab, und Reinhard hörte, wie sie schluchzend die Treppe hinaufging.

Er wollte sie aufhalten, aber er besann sich und blieb an der Treppe zurück. Das Mädchen stand noch immer auf dem Flur, unbeweglich, das empfangene Almosen in der Hand. »Was willst du noch?«, fragte Reinhard.

Sie fuhr zusammen. »Ich will nichts mehr«, sagte sie; dann, den Kopf nach ihm zurückwendend, ihn anstarrend mit den verirrten Augen, ging sie langsam gegen die Tür. Er rief einen Namen aus, aber sie hörte es nicht mehr; mit gesenktem Haupte, mit über der Brust gekreuzten Armen schritt sie über den Hof hinab.

Sterben, ach sterben
Soll ich allein!

Ein altes Lied brauste ihm ins Ohr, der Atem stand ihm still; eine kurze Weile, dann wandte er sich ab und ging auf sein Zimmer.

Er setzte sich hin, um zu arbeiten, aber er hatte keine Gedanken. Nachdem er es eine Stunde lang vergebens versucht hatte, ging er ins Familienzimmer hinab. Es war niemand da, nur kühle grüne Dämmerung; auf Elisabeths Nähtisch lag ein rotes Band, das sie am Nachmittag um den Hals getragen hatte. Er nahm es in die Hand, aber es tat ihm weh, und er legte es wieder hin. Er hatte keine Ruhe, er ging an den See hinab und band den Kahn los; er ruderte hinüber und ging noch einmal alle Wege, die er kurz vorher mit Elisabeth zusammen gegangen war. Als er wieder nach Hause kam, war es dunkel; auf dem Hofe begegnete ihm der Kutscher, der die Wagenpferde ins Gras bringen wollte; die Reisenden waren eben zurückgekehrt. Bei seinem Eintritt in den Hausflur hörte er Erich im Gartensaal auf und ab schreiten. Er ging nicht zu ihm hinein; er stand einen Augenblick still und stieg dann leise die Treppe hinauf nach seinem Zimmer. Hier setzte er sich in den Lehnstuhl ans Fenster; er tat vor sich selbst, als wolle er die Nachtigall hören, die unten in den Taxuswänden schlug; aber er hörte nur den Schlag seines eigenen Herzens. Unter ihm im Hause ging alles zur Ruh, die Nacht verrann, er fühlte es nicht. – So saß er stundenlang. Endlich stand er auf und legte sich ins offene Fenster. Der Nachttau rieselte zwischen den Blättern, die Nachtigall hatte aufgehört zu schlagen. Allmählich wurde auch das tiefe Blau des Nachthimmels von Osten her durch einen blassgelben Schimmer verdrängt; ein frischer Wind erhob sich und streifte Reinhards heiße Stirn; die erste Lerche stieg jauchzend in die Luft. – Reinhard kehrte sich plötzlich um und trat an den Tisch; er tappte nach einem Bleistift, und als er diesen gefunden, setzte er sich und schrieb damit einige Zeilen auf einen weißen Bogen Papier. Nachdem er hiemit fertig war, nahm er Hut und Stock, und das Papier zurücklassend, öffnete er behutsam die Tür und stieg in den Flur hinab. – Die Morgendämmerung ruhte noch in allen Winkeln; die große Hauskatze dehnte sich auf der Strohmatte und sträubte den Rücken gegen seine Hand, die er ihr gedankenlos entgegenhielt. Draußen im Garten aber priesterten schon die Sperlinge von den Zweigen und sagten es allen, dass die Nacht vorbei sei. Da hörte er oben im Hause eine Tür gehen; es kam die Treppe herunter, und als er aufsah, stand Elisabeth vor ihm. Sie legte die Hand auf seinen Arm, sie bewegte die Lippen, aber er hörte keine Worte. »Du kommst nicht wieder«, sagte sie endlich. »Ich weiß es, lüge nicht; du kommst nie wieder.«

»Nie«, sagte er. Sie ließ die Hand sinken und sagte nichts mehr. Er ging über den Flur der Tür zu; dann wandte er sich noch einmal. Sie stand bewegungslos an derselben Stelle und sah ihn mit toten Augen an. Er tat einen Schritt vorwärts und streckte die Arme nach ihr aus. Dann kehrte er sich gewaltsam ab und ging zur Tür hinaus. – Draußen lag die Welt im frischen Morgenlichte, die Tauperlen, die in den Spinngeweben hingen, blitzten in den ersten Sonnenstrahlen. Er sah nicht rückwärts; er wanderte rasch hinaus; und mehr und mehr versank hinter ihm das stille Gehöft, und vor ihm auf stieg die große weite Welt. – – – – – – – – – –

Der Alte

Der Mond schien nicht mehr in die Fensterscheiben, es war dunkel geworden; der Alte aber saß noch immer mit gefalteten Händen in seinem Lehnstuhl und blickte vor sich hin in den Raum des Zimmers. Allmählich verzog sich vor seinen Augen die schwarze Dämmerung um ihn her zu einem breiten dunkeln See; ein schwarzes Gewässer legte sich hinter das andere, immer tiefer und ferner, und auf dem letzten, so fern, dass die Augen des Alten sie kaum erreichten, schwamm einsam zwischen breiten Blättern eine weiße Wasserlilie.

Die Stubentür ging auf, und ein heller Lichtstrahl fiel ins Zimmer. »Es ist gut, dass Sie kommen, Brigitte«, sagte der Alte. »Stellen Sie das Licht nur auf den Tisch.«

Dann rückte er auch den Stuhl zum Tische, nahm eins der aufgeschlagenen Bücher und vertiefte sich in Studien, an denen er einst die Kraft seiner Jugend geübt hatte.

Marthe und ihre Uhr

Während der letzten Jahre meines Schulbesuchs wohnte ich in einem kleinen Bürgerhause der Stadt, worin aber von Vater, Mutter und vielen Geschwistern nur eine alternde unverheiratete Tochter zurückgeblieben war. Die Eltern und zwei Brüder waren gestorben, die Schwestern bis auf die jüngste, welche einen Arzt am selbigen Ort geheiratet hatte, ihren Männern in entfernte Gegenden gefolgt. So blieb denn Marthe allein in ihrem elterlichen Hause, worin sie sich durch das Vermieten des früheren Familienzimmers und mit Hülfe einer kleinen Rente spärlich durchs Leben brachte. Doch kümmerte es sie wenig, dass sie nur sonntags ihren Mittagstisch decken konnte; denn ihre Ansprüche an das äußere Leben waren fast keine; eine Folge der strengen und sparsamen Erziehung, welche der Vater sowohl aus Grundsatz als auch in Rücksicht seiner beschränkten bürgerlichen Verhältnisse allen seinen Kindern gegeben hatte. Wenn aber Marthen in ihrer Jugend nur die gewöhnliche Schulbildung zuteilgeworden war, so hatte das Nachdenken ihrer späteren einsamen Stunden, vereinigt mit einem behänden Verstande und dem sittlichen Ernst ihres Charakters, sie doch zu der Zeit, in welcher ich sie kennen lernte, auf eine für Frauen, namentlich des Bürgerstandes, ungewöhnlich hohe Bildungsstufe gehoben. Freilich sprach sie nicht immer grammatisch richtig, obgleich sie viel und mit Aufmerksamkeit las, am liebsten geschichtlichen oder poetischen Inhalts; aber sie wusste sich dafür meistens über das Gelesene ein richtiges Urteil zu bilden und, was so wenigen gelingt, selbständig das Gute vom Schlechten zu unterscheiden. Mörikes »Maler Nolten«, welcher damals erschien, machte großen Eindruck auf sie, sodass sie ihn immer wieder las; erst das Ganze, dann diese oder jene Partie, wie sie ihr eben zusagte. Die Gestalten des Dichters wurden für sie selbstbestimmende lebende Wesen, deren Handlungen nicht mehr an die Notwendigkeit des dichterischen Organismus gebunden waren; und sie konnte stundenlang darüber nachsinnen, auf welche Weise das hereinbrechende Verhängnis von so vielen geliebten Menschen dennoch hätte abgewandt werden können.

Die Langeweile drückte Marthen in ihrer Einsamkeit nicht, wohl aber zuweilen ein Gefühl der Zwecklosigkeit ihres Lebens nach außen hin; sie bedurfte jemandes, für den sie hätte arbeiten und sorgen können. Bei dem Mangel näher Befreundeter kam dieser löbliche Trieb ihren jeweiligen Mietern zugute, und auch ich habe manche Freundlichkeit und Aufmerksamkeit von ihrer Hand erfahren. – An Blumen hatte sie eine große Freude, und es schien mir ein Zeichen ihres anspruchslosen und resignierten Sinnes, dass sie unter ihnen die weißen und von diesen wieder die einfachen am liebsten hatte. Es war immer ihr erster Festtag im Jahre, wenn ihr die Kinder der Schwester aus deren Garten die ersten Schneeglöckchen und Märzblumen brachten; dann wurde ein kleines Porzellankörbchen aus dem Schrank herabgenommen, und die Blumen zierten unter ihrer sorgsamen Pflege wochenlang die kleine Kammer.

Da Marthe seit dem Tode ihrer Eltern wenig Menschen um sich sah und namentlich die langen Winterabende fast immer allein zubrachte, so lieh die regsame und gestaltende Phantasie, welche ihr ganz besonders eigen war, den

Dingen um sie her eine Art von Leben und Bewusstsein. Sie borgte Teilchen ihrer Seele aus an die alten Möbeln ihrer Kammer, und die alten Möbeln erhielten so die Fähigkeit, sich mit ihr zu unterhalten; meistens freilich war diese Unterhaltung eine stumme, aber sie war dafür desto inniger und ohne Missverständnis. Ihr Spinnrad, ihr braungeschnitzter Lehnstuhl waren gar sonderbare Dinge, die oft die eigentümlichsten Grillen hatten; vorzüglich war dies aber der Fall mit einer altmodischen Stutzuhr, welche ihr verstorbener Vater vor über funfzig Jahren, auch damals schon als ein uraltes Stück, auf dem Trödelmarkt zu Amsterdam gekauft hatte. Das Ding sah freilich seltsam genug aus: zwei Meerweiber, aus Blech geschnitten und dann übermalt, lehnten zu jeder Seite ihr langhaariges Antlitz an das vergilbte Zifferblatt; die schuppigen Fischleiber, welche von einstiger Vergoldung zeugten, umschlossen dasselbe nach unten zu; die Weiser schienen dem Schwanze eines Skorpions nachgebildet zu sein. Vermutlich war das Räderwerk durch langen Gebrauch verschlissen; denn der Perpendikelschlag war hart und ungleich, und die Gewichte schossen zuweilen mehrere Zoll mit einem Mal hinunter. –

Diese Uhr war die beredteste Gesellschaft ihrer Besitzerin; sie mischte sich aber auch in alle ihre Gedanken. Wenn Marthe in ein Hinbrüten über ihre Einsamkeit verfallen wollte, dann ging der Perpendikel tick, tack! tick, tack! immer härter, immer eindringlicher; er ließ ihr keine Ruh, er schlug immer mitten in ihre Gedanken hinein. Endlich musste sie aufsehen; – da schien die Sonne so warm in die Fensterscheiben, die Nelken auf dem Fensterbrett dufteten so süß; draußen schossen die Schwalben singend durch den Himmel. Sie musste wieder fröhlich sein, die Welt um sie her war gar zu freundlich.

Die Uhr hatte aber auch wirklich ihren eigenen Kopf; sie war alt geworden und kehrte sich nicht mehr so gar viel an die neue Zeit; daher schlug sie oft sechs, wenn sie zwölf schlagen sollte, und ein andermal, um es wiedergutzumachen, wollte sie nicht aufhören zu schlagen, bis Marthe das Schlaglot von der Kette nahm. Das Wunderlichste war, dass sie zuweilen gar nicht dazu kommen konnte; dann schnurrte und schnurrte es zwischen den Rädern, aber der Hammer wollte nicht ausholen; und das geschah meistens mitten in der Nacht. Marthe wurde jedes Mal wach; und mochte es im klingendsten Winter und in der dunkelsten Nacht sein, sie stand auf und ruhte nicht, bis sie die alte Uhr aus ihren Nöten erlöst hatte. Dann ging sie wieder zu Bette und dachte sich allerlei, warum die Uhr sie wohl geweckt habe, und fragte sich, ob sie in ihrem Tagewerk auch etwas vergessen, ob sie es auch mit guten Gedanken beschlossen habe.

Nun war es Weihnachten. Den Christabend, da ein übermäßiger Schneefall mir den Weg zur Heimat versperrte, hatte ich in einer befreundeten, kinderreichen Familie zugebracht; der Tannenbaum hatte gebrannt, die Kinder waren jubelnd in die lang verschlossene Weihnachtsstube gestürzt; nachher hatten wir die unerlässlichen Karpfen gegessen und Bischof dazu getrunken; nichts von der herkömmlichen Feierlichkeit war versäumt worden. – Am andern Morgen trat ich zu Marthe in die Kammer, um ihr den gebräuchlichen Glückwunsch zum Feste abzustatten. Sie saß mit untergestütztem Arm am Tische; ihre Arbeit schien längst geruht zu haben.

»Und wie haben Sie denn gestern Ihren Weihnachtabend zugebracht?«, fragte ich.

Sie sah zu Boden und antwortete: »Zu Hause.«

»Zu Hause? Und nicht bei Ihren Schwesterkindern?«

»Ach«, sagte sie, »seit meine Mutter gestern vor zehn Jahren hier in diesem Bette starb, bin ich am Weihnachtabend nicht ausgegangen. Meine Schwester schickte gestern wohl zu mir, und als es dunkel wurde, dachte ich wohl daran, einmal hinzugehen; aber – die alte Uhr war auch wieder so drollig; es war akkurat, als wenn sie immer sagte: Tu es nicht, tu es nicht! Was willst du da? Deine Weihnachtsfeier gehört ja nicht dahin!«

Und so blieb sie denn zu Haus in dem kleinen Zimmer, wo sie als Kind gespielt, wo sie später ihren Eltern die Augen zugedrückt hatte und wo die alte Uhr pickte ganz wie dazumalen. Aber jetzt, nachdem sie ihren Willen bekommen und Marthe das schon hervorgezogene Festkleid wieder in den Schrank verschlossen hatte, pickte sie so leise, ganz leise und immer leiser, zuletzt unhörbar. – Marthe durfte sich ungestört der Erinnerung aller Weihnachtabende ihres Lebens überlassen: Ihr Vater saß wieder in dem braungeschnitzten Lehnstuhl; er trug das feine Sammetkäppchen und den schwarzen Sonntagsrock; auch blickten seine ernsten Augen heute so freundlich; denn es war Weihnachtabend, Weihnachtabend vor – ach, vor sehr, sehr vielen Jahren! Ein Weihnachtsbaum zwar brannte nicht auf dem Tisch – das war ja nur für reiche Leute –, aber stattdessen zwei hohe dicke Lichter; und davon wurde das kleine Zimmer so hell, dass die Kinder ordentlich die Hand vor die Augen halten mussten, als sie aus der dunkeln Vordiele hineintreten durften. Dann gingen sie an den Tisch, aber nach der Weise des Hauses ohne Hast und laute Freudenäußerung, und betrachteten, was ihnen das Christkind einbeschert hatte. Das waren nun freilich keine teuern Spielsachen, auch nicht einmal wohlfeile, sondern lauter nützliche und notwendige Dinge, ein Kleid, ein Paar Schuhe, eine Rechentafel, ein Gesangbuch und dergleichen mehr; aber die Kinder waren gleichwohl glücklich mit ihrer Rechentafel und ihrem neuen Gesangbuch, und sie gingen eins ums andere, dem Vater die Hand zu küssen, der währenddessen zufrieden lächelnd in seinem Lehnstuhl geblieben war. Die Mutter mit ihrem milden freundlichen Gesicht unter dem eng anliegenden Scheiteltuch band ihnen die neue Schürze vor und malte ihnen Zahlen und Buchstaben zum Nachschreiben auf die neue Tafel. Doch sie hatte nicht gar lange Zeit, sie musste in die Küche und Apfelkuchen backen; denn das war für die Kinder eine Hauptbescherung am Weihnachtabend; die mussten notwendig gebacken werden. Da schlug der Vater das neue Gesangbuch auf und stimmte mit seiner klaren Stimme an: »Frohlockt, lobsinget Gott«; die Kinder aber, die alle Melodien kannten, stimmten ein: »Der Heiland ist gekommen«; und so sangen sie den Gesang zu Ende, indem sie alle um des Vaters Lehnstuhl herumstanden. Nur in den Pausen hörte man in der Küche das Hantieren der Mutter und das Prasseln der Apfelkuchen. – –

Tick, tack! ging es wieder; tick, tack! immer härter und eindringlicher. Marthe fuhr empor; da war es fast dunkel um sie her, draußen auf dem Schnee nur lag trüber Mondschein. Außer dem Pendelschlag der Uhr war es totenstill im Hause. Keine Kinder sangen in der kleinen Stube, kein Feuer prasselte in der Küche. Sie war ja ganz allein zurückgeblieben; die andern waren alle, alle fort. – Aber was wollte die alte Uhr denn wieder? – Ja, da warnte es auf elf – und ein anderer Weihnachtabend tauchte in Marthens Erinnerung auf, ach! ein ganz anderer; viele, viele Jahre später! Der Vater und die Brüder waren tot, die Schwestern verheiratet; die Mutter, welche nun mit Marthen allein geblieben war, hatte schon längst des Vaters Platz im braunen Lehnstuhl eingenommen und ihrer Tochter die kleinen Wirtschaftssorgen übertragen; denn sie kränkelte seit des Vaters Tode, ihr mildes Antlitz wurde immer blässer, und ihre freundlichen Augen blickten immer matter; endlich musste sie auch den Tag über im Bette bleiben. Das war schon über drei Wochen, und nun war es Weihnachtabend. Marthe saß an ihrem Bett und horchte auf den Atem der Schlummernden; es war totenstill in der Kammer, nur die Uhr pickte. Da warnte es auf elf, die Mutter schlug die Augen auf und verlangte zu trinken. »Marthe«, sagte sie, »wenn es erst Frühling wird und ich wieder zu Kräften gekommen bin, dann wollen wir deine Schwester Hanne besuchen; ich habe ihre Kinder eben im Traume gesehen – du hast hier gar zu wenig Vergnügen.« – Die Mutter hatte ganz vergessen, dass Schwester Hannes Kinder im Spätherbst gestorben waren; Marthe erinnerte sie auch nicht daran, sie nickte schweigend mit dem Kopf und fasste ihre abgefallenen Hände. Die Uhr schlug elf. –

Auch jetzt schlug sie elf – aber leise, wie aus weiter, weiter Ferne. –

Da hörte Marthe einen tiefen Atemzug; sie dachte, die Mutter wolle wieder schlafen. So blieb sie sitzen, lautlos, regungslos, die Hand der Mutter noch immer in der ihren; am Ende verfiel sie in einen schlummerähnlichen Zustand.

Es mochte so eine Stunde vergangen sein; da schlug die Uhr zwölf! – Das Licht war ausgebrannt, der Mond schien hell ins Fenster; aus den Kissen sah das bleiche Gesicht der Mutter. Marthe hielt eine kalte Hand in der ihrigen. Sie ließ diese kalte Hand nicht los, sie saß die ganze Nacht bei der toten Mutter. –

So saß sie jetzt bei ihren Erinnerungen in derselben Kammer, und die alte Uhr pickte bald laut, bald leise; sie wusste von allem, sie hatte alles miterlebt, sie erinnerte Marthe an alles, an ihre Leiden, an ihre kleinen Freuden. –

Ob es noch so gesellig in Marthens einsamer Kammer ist? Ich weiß es nicht; es sind viele Jahre her, seit ich in ihrem Hause wohnte, und jene kleine Stadt liegt weit von meiner Heimat. – Was Menschen, die das Leben lieben, nicht auszusprechen wagen, pflegte sie laut und ohne Scheu zu äußern: »Ich bin niemals krank gewesen; ich werde gewiss sehr alt werden.«

Ist ihr Glaube ein richtiger gewesen, und sollten diese Blätter den Weg in ihre Kammer finden, so möge sie sich beim Lesen auch meiner erinnern. Die alte Uhr wird helfen; sie weiß ja von allem Bescheid.

Im Saal

Am Nachmittag war Kindtaufe gewesen; nun war es gegen Abend. Die Eltern des Täuflings saßen mit den Gästen im geräumigen Saal, unter ihnen die Großmutter des Mannes; die andern waren ebenfalls nahe Verwandte, junge und alte, die Großmutter aber war ein ganzes Geschlecht älter als die ältesten von diesen. Das Kind war nach ihr »Barbara« getauft worden; doch hatte es auch noch einen schöneren Namen erhalten, denn Barbara allein klang doch gar zu altfränkisch für das hübsche kleine Kind. Dennoch sollte es mit diesem Namen gerufen werden; so wollten es beide Eltern, wie viel auch die Freunde dagegen einzuwenden hatten. Die alte Großmutter aber erfuhr nichts davon, dass die Brauchbarkeit ihres langbewährten Namens in Zweifel gezogen war.

Der Prediger hatte nicht lange nach Verrichtung seines Amtes den Familienkreis sich selbst überlassen; nun wurden alte, liebe, oft erzählte Geschichten hervorgeholt und nicht zum letzten Male wiedererzählt. Sie kannten sich alle; die Alten hatten die Jungen aufwachsen, die Ältesten die Alten grau werden sehen; von allen wurden die anmutigsten und spaßhaftesten Kindergeschichten erzählt; wo kein anderer sie wusste, da erzählte die Großmutter. Von ihr allein konnte niemand erzählen; ihre Kinderjahre lagen hinter der Geburt aller andern; die außer ihr selbst etwas davon wissen konnten, hätten weit über jedes Menschenalter hinaus sein müssen. – Unter solchen Gesprächen war es abendlich geworden. Der Saal lag gegen Westen, ein roter Schimmer fiel durch die Fenster noch auf die Gipsrosen an den weißen, mit Stuckaturarbeit gezierten Wänden; dann verschwand auch der. Aus der Ferne konnte man ein dumpfes eintöniges Rauschen in der jetzt eingetretenen Stille vernehmen. Einige der Gäste horchten auf.

»Das ist das Meer«, sagte die junge Frau.

»Ja«, sagte die Großmutter, »ich habe es oft gehört; es ist schon lange so gewesen.«

Dann sprach wieder niemand; draußen vor den Fenstern in dem schmalen Steinhof stand eine große Linde, und man hörte, wie die Sperlinge unter den Blättern zur Ruhe gingen. Der Hauswirt hatte die Hand seiner Frau gefasst, die still an seiner Seite saß, und heftete die Augen an die krause altertümliche Gipsdecke.

»Was hast du?«, fragte ihn die Großmutter.

»Die Decke ist gerissen«, sagte er, »die Simse sind auch gesunken. Der Saal wird alt, Großmutter, wir müssen ihn umbauen.«

»Der Saal ist noch nicht so alt«, erwiderte sie, »ich weiß noch wohl, als er gebaut wurde.«

»Gebaut? Was war denn früher hier?«

»Früher?«, wiederholte die Großmutter; dann verstummte sie eine Weile und saß da wie ein lebloses Bild; ihre Augen sahen rückwärts in eine vergangene Zeit, ihre Gedanken waren bei den Schatten der Dinge, deren Wesen lange dahin war. Dann sagte sie: »Es ist achtzig Jahre her; dein Großvater und ich, wir haben es uns oft nachher erzählt – die Saaltür führte dazumal nicht in einen Hausraum, sondern aus dem Hause hinaus in einen kleinen Ziergarten; es ist aber nicht mehr dieselbe Tür, die alte hatte Glasscheiben, und man sah dadurch gerade in den Garten hinunter, wenn man zur Haustür hereintrat. Der Garten lag drei Stufen tiefer, die Treppe war an beiden Seiten mit buntem chinesischen Geländer versehen. Zwischen zwei von niedrigem Buchs eingefassten Rabatten führte ein breiter, mit weißen Muscheln ausgestreuter Steig nach einer Lindenlaube, davor zwischen zweien Kirschbäumen hing eine Schaukel; zu beiden Seiten der Laube an der hohen Gartenmauer standen sorgfältig aufgebundene Aprikosenbäume. – Hier konnte man sommers in der Mittagsstunde deinen Urgroßvater regelmäßig auf und ab gehen sehen, die Aurikeln und holländischen Tulpen auf den Rabatten ausputzend oder mit Bast an weiße Stäbchen bindend. Er war ein strenger, akkurater Mann mit militärischer Haltung, und seine schwarzen Augbrauen gaben ihm bei den weiß gepuderten Haaren ein vornehmes Ansehen.

So war es einmal an einem Augustnachmittage, als dein Großvater die kleine Gartentreppe herabkam; aber dazumalen war er noch weit vom Großvater entfernt. – Ich sehe es noch vor meinen alten Augen, wie er mit schlankem Tritt auf deinen Urgroßvater zuging. Dann nahm er ein Schreiben aus einer sauber gestickten Brieftasche und überreichte es mit einer anmutigen Verbeugung. Er war ein feiner junger Mensch mit sanften freundlichen Augen, und der schwarze Haarbeutel stach angenehm bei den lebhaften Wangen und dem perlgrauen Tuchrocke ab. – Als dein Urgroßvater das Schreiben gelesen hatte, nickte er und schüttelte deinem Großvater die Hand. Er musste ihm schon gut sein; denn er tat selten dergleichen. Dann wurde er ins Haus gerufen, und dein Großvater ging in den Garten hinab.

In der Schaukel vor der Laube saß ein achtjähriges Mädchen; sie hatte ein Bilderbuch auf dem Schoß, worin sie eifrig las; die klaren goldnen Locken hingen ihr über das heiße Gesichtchen herab, der Sonnenschein lag brennend darauf.

›Wie heißt du?‹, fragte der junge Mann.

Sie schüttelte das Haar zurück und sagte: ›Barbara.‹

›Nimm dich in Acht, Barbara; deine Locken schmelzen ja in der Sonne.‹

Die Kleine fuhr mit der Hand über das heiße Haar, der junge Mann lächelte – und es war ein sehr sanftes Lächeln. – – ›Es hat nicht Not‹, sagte er; ›komm, wir wollen schaukeln.‹

Sie sprang heraus: ›Wart, ich muss erst mein Buch verwahren.‹ Dann brachte sie es in die Laube. Als sie wiederkam, wollte er sie hineinheben. ›Nein‹, sagte sie, ›ich kann ganz allein.‹ Dann stellte sie sich auf das Schaukelbrett und rief: ›Nur zu!‹ – Und nun zog dein Großvater, dass ihm der Haarbeutel bald rechts, bald links um die Schultern tanzte; die Schaukel mit dem kleinen Mädchen ging im Sonnenschein auf und nieder, die klaren Locken wehten ihr frei von den Schläfen. Und immer ging es ihr nicht hoch genug. Als aber die Schaukel rauschend in die Lindenzweige flog, fuhren die Vögel zu beiden Seiten aus den Spalieren, dass die überreifen Aprikosen auf die Erde herabrollten.

›Was war das?‹, sagte er und hielt die Schaukel an.

Sie lachte, wie er so fragen könne. ›Das war der Iritsch‹, sagte sie, ›er ist sonst gar nicht so bange.‹

Er hob sie aus der Schaukel, und sie gingen zu den Spalieren; da lagen die dunkelgelben Früchte zwischen dem Gesträuch. ›Dein Iritsch hat dich traktiert!‹, sagte er. Sie schüttelte mit dem Kopf und legte eine schöne Aprikose in seine Hand. ›Dich!‹, sagte sie leise.

Nun kam dein Urgroßvater wieder in den Garten zurück. ›Nehm' Er sich in Acht‹, sagte er lächelnd. ›Er wird sie sonst nicht wieder los.‹ Dann sprach er von Geschäftssachen, und beide gingen ins Haus.

Am Abend durfte die kleine Barbara mit zu Tisch sitzen; der junge freundliche Mann hatte für sie gebeten. – So ganz, wie sie es gewünscht hatte, kam es freilich nicht; denn der Gast saß oben an ihres Vaters Seite; sie aber war nur noch ein kleines Mädchen und musste ganz unten bei dem allerjüngsten Schreiber sitzen. Darum war sie auch so bald mit dem Essen fertig; dann stand sie auf und schlich sich an den Stuhl ihres Vaters. Der aber sprach mit dem jungen Mann so eifrig über Konto und Diskonto, dass dieser für die kleine Barbara gar keine Augen hatte. – Ja, ja, es ist achtzig Jahre her; aber die alte Großmutter denkt es noch wohl, wie die kleine Barbara damals recht sehr ungeduldig wurde und auf ihren guten Vater gar nicht zum Besten zu sprechen war. Die Uhr schlug zehn, und nun musste sie gute Nacht sagen. Als sie zu deinem Großvater kam, fragte er sie: ›Schaukeln wir morgen?‹ und die kleine Barbara wurde wieder ganz vergnügt. – ›Er ist ja ein alter Kindernarr, Er!‹, sagte der Urgroßvater; aber eigentlich war er selbst recht unvernünftig in sein kleines Mädchen verliebt.

Am andern Tage gegen Abend reiste dein Großvater fort.

Dann gingen acht Jahre hin. Die kleine Barbara stand oft zur Winterzeit an der Glastür und hauchte die gefrornen Scheiben an; dann sah sie durch das Guckloch in den beschneiten Garten hinab und dachte an den schönen Sommer, an die glänzenden Blätter und an den warmen Sonnenschein, an den Iritsch, der immer in den Spalieren nistete, und wie einmal die reifen Aprikosen zur Erde gerollt waren, und dann dachte sie an einen Sommertag und zuletzt immer nur an diesen einen Sommertag, wenn sie an den Sommer dachte. – So gingen die Jahre hin; die kleine Barbara war nun doppelt so alt und eigentlich gar nicht mehr die kleine Barbara; aber der eine Sommertag stand noch immer als ein heller Punkt in ihrer Erinnerung. – Dann war er endlich eines Tages wirklich wieder da.«

»Wer?«, fragte lächelnd der Enkel, »der Sommertag?«

»Ja«, sagte die Großmutter, »ja, dein Großvater. Es war ein rechter Sommertag.«

»Und dann?«, fragte er wieder.

»Dann«, sagte die Großmutter, »gab es ein Brautpaar, und die kleine Barbara wurde deine Großmutter, wie sie hier unter euch sitzt und die alten Geschichten erzählt. – So weit war's aber noch nicht. Erst gab es eine Hochzeit, und dazu ließ dein Urgroßvater den Saal bauen. Mit dem Garten und den Blumen war's nun wohl vorbei; es hatte aber nicht Not, er bekam bald lebendige Blumen zur Unterhaltung in seinen Mittagsstunden. Als der Saal fertig war, wurde die Hochzeit gehalten. Es war eine lustige Hochzeit, und die Gäste sprachen noch lange nachher davon. – Ihr, die ihr hier sitzt und die ihr jetzt allenthalben dabei sein müsst, ihr waret freilich nicht dabei; aber eure Väter und Großväter, eure Mütter und Großmütter, und das waren auch Leute, die ein Wort mitzusprechen wussten. Es war damals freilich noch eine stille, bescheidene Zeit; wir wollten noch nicht alles besser wissen als die Majestäten und ihre Minister; und wer seine Nase in die Politik steckte, den hießen wir einen Kannegießer, und war's ein Schuster, so ließ man die Stiefeln bei seinem Nachbar machen. Die Dienstmädchen hießen noch alle Trine und Stine, und jeder trug den

Rock nach seinem Stande. Jetzt tragt ihr sogar Schnurrbärte wie Junker und Kavaliere. Was wollt ihr denn? Wollt ihr alle mitregieren?«

»Ja, Großmutter«, sagte der Enkel.

»Und der Adel und die hohen Herrschaften, die doch dazu geboren sind, was soll aus denen werden?«

»Oh – – Adel – –«, sagte die junge Mutter und sah mit stolzen, liebevollen Augen zu ihrem Mann hinauf.

Der lächelte und sagte: »Streichen, Großmutter; oder wir werden alle Freiherrn, ganz Deutschland mit Mann und Maus. Sonst seh ich keinen Rat.«

Die Großmutter erwiderte nichts darauf; sie sagte nur: »Auf meiner Hochzeit wurde nichts von Staatsgeschichten geredet; die Unterhaltung ging ihren ebenen Tritt, und wir waren ebenso vergnügt dabei als ihr in euren neumodischen Gesellschaften. Bei Tische wurden spaßhafte Rätsel aufgegeben und Leberreime gemacht, beim Dessert wurde gesungen: ›Gesundheit, Herr Nachbar, das Gläschen ist leer!‹ und alle die andern hübschen Lieder, die nun vergessen sind; dein Großvater mit seiner hellen Tenorstimme war immer herauszuhören. – Die Menschen waren damals noch höflicher gegeneinander; das Disputieren und Schreien galt in einer feinen Gesellschaft für sehr unziemlich. – Nun, das ist alles anders geworden; – aber dein Großvater war ein sanfter, friedlicher Mann. Er ist schon lange nicht mehr auf dieser Welt; er ist mir weit vorausgegangen; es wird wohl Zeit, dass ich nachkomme.«

Die Großmutter schwieg einen Augenblick, und es sprach niemand. Nur ihre Hände fühlte sie ergriffen; sie wollten sie alle noch behalten. Ein friedliches Lächeln glitt über das alte liebe Gesicht; dann sah sie auf ihren Enkel und sagte: »Hier im Saal stand auch seine Leiche; du warst damals erst sechs Jahre alt und standest am Sarg zu weinen. Dein Vater war ein strenger, rücksichtsloser Mann. ›Heule nicht, Junge‹, sagte er und hob dich auf den Arm. ›Sieh her, so sieht ein braver Mann aus, wenn er gestorben ist.‹ Dann wischte er sich heimlich selbst eine Träne vom Gesicht. Er hatte immer eine große Verehrung für deinen Großvater gehabt. Jetzt sind sie alle hinüber; – und heute hab ich hier im Saal meine Urenkelin aus der Taufe gehoben, und ihr habt ihr den Namen eurer alten Großmutter gegeben. Möge der liebe Gott sie ebenso glücklich und zufrieden zu meinen Tagen kommen lassen!«

Die junge Mutter fiel vor der Großmutter auf die Knie und küsste ihre feinen Hände.

Der Enkel sagte: »Großmutter, wir wollen den alten Saal ganz umreißen und wieder einen Ziergarten pflanzen; die kleine Barbara ist auch wieder da. Die Frauen sagen ja, sie ist dein Ebenbild; sie soll wieder in der Schaukel sitzen, und die Sonne soll wieder auf goldene Kinderlocken scheinen; vielleicht kommt dann auch eines Sommernachmittags der Großvater wieder die kleine chinesische Treppe herab, vielleicht – –«

Die Großmutter lächelte: »Du bist ein Phantast«, sagte sie; »dein Großvater war es auch.«

Im Sonnenschein

1

In den höchsten Zweigen des Ahornbaums, der an der Gartenseite des Hauses stand, trieben die Stare ihr Wesen. Sonst war es still; denn es war Sommernachmittag zwischen eins und zwei.

Aus der Gartentür trat ein junger Reiteroffizier in weißer festtäglicher Uniform, den kleinen dreieckigen Federhut schief auf den Kopf gedrückt, und sah nach allen Seiten in die Gänge des Gartens hinab; dann, seinen Rohrstock zierlich zwischen den Fingern schwingend, horchte er nach einem offen stehenden Fenster im oberen Stockwerke hinauf, aus welchem sich in kleinen Pausen das Klirren holländischer Kaffeeschälchen und die Stimmen zweier alter Herren deutlich vernehmen ließen. Der junge Mann lächelte, wie jemand, dem was Liebes widerfahren soll, indem er langsam die kleine Gartentreppe hinunterstieg. Die Muscheln, mit denen der breite Steig bestreut war, knirschten an seinen breiten Sporen; bald aber trat er behutsam auf, als wolle er nicht bemerkt sein. – Gleichwohl schien es ihn nicht zu stören, als ihm aus einem Seitengange ein junger Mann in bürgerlicher Kleidung mit sauber gepuderter Frisur entgegenkam. Ein Ausdruck brüderlichen, fast zärtlichen Vertrauens zeigte sich in beider Antlitz, als sie sich schweigend die Hände reichten. »Der Syndikus ist droben; die alten Herren sitzen am Tokadilletisch«, sagte der junge Bürger, indem er eine starke goldene Uhr hervorzog, »ihr habt zwei volle Stunden! Geh nur, du kannst rechnen helfen.« Er zeigte bei diesen Worten den Steig entlang nach einem hölzernen Lusthäuschen, das auf Pfählen über den unterhalb des Gartens vorüberströmenden Fluss hinausgebaut war.

»Ich danke dir, Fritz. Du kommst doch zu uns?«

Der Angeredete schüttelte den Kopf. »Wir haben Posttag!«, sagte er und ging dem Hause zu. Der junge Offizier hatte den Hut in die Hand genommen und ließ, während er den Steig hinabging, die Sonne frei auf seine hohe Stirn und seine schwarzen ungepuderten Haare scheinen. So hatte er bald den Schatten des kleinen Pavillons, der gegen Morgen lag, erreicht.

Die eine Flügeltür stand offen; er trat vorsichtig auf die Schwelle. Aber die Jalousien schienen von allen Seiten geschlossen; es war so dämmerig drinnen, dass seine noch eben des vollen Sonnenlichts gewöhnten Augen erst nach einer ganzen Weile die jugendliche Gestalt eines Mädchens aufzufassen vermochten, welche, inmitten des Zimmers an einem Marmortischchen sitzend, Zahl um Zahlen mit sicherer Hand in einen vor ihr liegenden Folianten eintrug. Der junge Offizier blickte verhaltenen Atems auf das gepuderte Köpfchen, das über den Blättern schwebend, wie von dem Zuge der Feder, harmonisch hin und wider bewegt wurde. Dann, als einige Zeit vorübergegangen, zog er seinen Degen eine Handbreit aus der Scheide und ließ ihn mit einem Stoß zurückfallen, dass es einen leichten Klang gab. Ein Lächeln trat um den Mund des Mädchens, und die dunkeln Augenwimpern hoben sich ein weniges von den Wangen empor; dann aber, als hätte sie sich besonnen, streifte sie nur den Ärmel der amarantfarbenen Kontusche zurück und tauchte aufs Neue die Feder ein.

Der Offizier, da sie immer nicht aufblickte, tat einen Schritt ins Zimmer und zog ihr schweigend die Feder durch die Finger, dass die Dinte auf den Nägeln blieb.

»Herr Kapitän!«, rief sie und streckte ihm die Hand entgegen. Sie hatte den Kopf zurückgeworfen; ein Paar tiefgraue Augen waren mit dem Ausdruck nicht allzu ernsthaften Zürnens auf ihn gerichtet.

Er pflückte ein Rebenblatt draußen vom Spalier und wischte ihr sorgfältig die Dinte von den Fingern. Sie ließ das ruhig an sich geschehen; dann aber nahm sie die Feder und fing wieder an zu arbeiten.

»Rechne ein andermal, Fränzchen!«, sagte der junge Mann.

Sie schüttelte den Kopf. »Morgen ist Klosterrechnungstag; ich muss das fertig machen.« Und sie setzte ihre Arbeit fort.

»Du bist ein Federheld!«

»Ich bin eine Kaufmannstochter!«

Er lachte.

»Lache nicht! Du weißt, wir können die Soldaten eigentlich nicht leiden.«

»Wir? Welche Wir sind das?«

»Nun, Konstantin«, – und dabei rückte ihre Feder addierend die Zahlenreihen hinunter – »wir, die ganze Firma!«

»Du auch, Fränzchen?«

»Ach! Ich« – – Und sie ließ die Feder fallen und warf sich an seine Brust, dass sich ein leichtes Puderwölkchen über ihren Köpfen erhob. Sie strich mit der Hand über seine glänzend schwarzen Haare. »Wie eitel du bist!«, sagte sie, indem sie den schönen Mann mit dem Ausdruck wohlgefälligen Stolzes betrachtete.

Von der Stadt herüber kam der Schall einer Militärmusik. Die Augen des jungen Kapitäns leuchteten. »Das ist mein Regiment!«, sagte er und hielt das Mädchen mit beiden Armen fest.

Sie bog sich lächelnd mit dem Oberkörper von ihm ab. »Es hilft dir aber alles nicht!«

»Was soll denn daraus werden?«

Sie hob sich auf den Fußspitzen zu ihm heran und sagte: »Eine Hochzeit!«

»Aber die Firma, Fränzchen!«

»Ich bin meines Vaters Tochter.« Und sie sah ihn mit ihren klugen Augen an.

In diesem Augenblick drang, in scheinbar unmittelbarer Nähe, vom obern Stockwerke des Hauses der Laut einer harten Stimme zu ihnen herüber. Die Stare flogen schreiend durch den Garten; der junge Offizier, wie in unwillkürlicher Bewegung, schloss das Mädchen fester in seine Arme. »Was hast du?«, sagte sie. »Die alten Herren haben die erste Partie gespielt; nun stehen sie am Fenster, und Papa macht das Wetter für die nächste Woche.«

Er sah durch die Tür in den sonnbeschienenen Garten hinaus. »Ich habe dich«, sagte er. »Es darf nicht anders werden.«

Sie wiegte schweigend einige Mal den Kopf; dann machte sie sich los und drängte ihn gegen die Tür. »Geh nun!«, sagte sie. »Ich komme bald; ich lass dich nicht allein.«

Er fasste ihr zartes Gesichtchen in seine Hände und küsste sie. Dann ging er zur Tür hinaus und seitwärts den Steig hinauf; an dem Ligusterzaun entlang, der das tiefere Flussufer von dem Garten trennte. So, während seine Augen dem unaufhaltsamen Vorüberströmen des Wassers folgten, gelangte er an einen Platz, wo das marmorne Bild einer Flora inmitten sauber geschorener Buchsbaumarabesken stand. Die zwischen den Schnörkeln eingelegten Porzellanscherben und Glaskorallenschnüre leuchteten zierlich aus dem Grün hervor; ein scharfes Arom erfüllte die Luft, untermischt zuweilen mit dem Duft der Provinzrosen, die hier zu Ende des Steiges an der Gartenmauer standen. In der Ecke zwischen diesem und dem Ligusterzaun war eine Laube, tief verschattet von wucherndem Geißblatt. Der Kapitän schnallte seinen Degen ab und setzte sich auf die kleine Bank. Dann begann er mit der Spitze seines Rohrstocks einen Buchstaben um den andern in den Boden zu zeichnen, die er immer wieder, als könne ein Geheimnis durch sie verraten werden, bis auf den letzten Zug zerstörte. So trieb er es eine Zeitlang, bis seine Augen an dem Schatten einer Geißblattranke haften blieben, an deren Ende er die feinen Röhren der Blüte deutlich zu erkennen vermochte. Bald im längeren Betrachten bemerkte er daran den Schatten eines Lebendigen, der langsam an dem Stängel hinaufkroch. Er sah dem eine Weile zu; dann aber stand er auf und blickte über sich in das Gewirr der Ranken, um die gefährdete Blüte zu entdecken und das Ungeziefer herunterzuschlagen. Aber die Sonnenstrahlen brachen sich zwischen den Blättern und blendeten ihn; er musste die Augen abwenden. – Als er sich wieder auf die Bank gesetzt hatte, sah er wie zuvor die Ranke scharf und deutlich auf dem sonnigen Boden liegen; nur zwischen den schlanken Kelchen der Schattenblüte haftete jetzt eine dunkle Masse, die von Zeit zu Zeit durch zuckende Bewegungen eine emsige tierische Tätigkeit verriet. Er wusste nicht, wie es ihn überkam, er stieß nach dem arbeitenden Klumpen mit seinem Rohrstock; aber über ihm ging der Sommerwind durch das Gezweige, und die Schatten huschten ineinander und entwischten ihm. Er wurde eifrig; er spreizte die Knie auseinander und wollte eben zu einem neuen Stoße ausholen; da trat die Spitze eines seidenen Mädchenschuhs ihm in die Sonne.

Er blickte auf, Franziska stand vor ihm; die Feder hinterm Ohr, deren weiße Fahne wie ein Taubenfittich von dem gepuderten Köpfchen abstand. Sie lachte, eine ganze Weile; unhörbar erst, man sah es nur. Er lehnte sich zurück und blickte sie voll Entzücken an; sie lachte so leicht, so mühelos, es lief über sie hin wie ein Windhauch über den See; so lachte niemand anders.

»Was treibst du da!«, rief sie endlich.

»Dummes Zeug, Fränzchen; ich scharmutziere mit den Schatten.«

»Das kannst du bleiben lassen.«

Er wollte ihre beiden Hände fassen; sie aber, die in diesem Augenblick sich nach der Gartenmauer umgesehen, zog ein Messerchen aus ihrer Tasche und schnitt damit die aufgeblühten Rosen aus den Büschen. »Ich werde Potpourri machen auf den Abend«, sagte sie, während sie die Rosen an der Erde sorgfältig zu einem Häuflein zusammenlegte.

Er sah geduldig zu; er wusste schon, man musste sie gewähren lassen.

»Und nun?«, fragte er, nachdem sie das Messer wieder eingeschlagen und in den Schlitz ihrer Robe hatte gleiten lassen.

»Nun, Konstantin? – – Beisammen sein und die Stunden

schlagen hören.« – Und so geschah es. – Vor ihnen drüben in dem Zitronenbirnbaum flog der Buchfink ab und zu, und sie hörten tief im Laube das Kreischen der Nestlinge; dann wieder, ihnen selber kaum bewusst, drang das Schluchzen des unterhalb fließenden Wassers an ihr Ohr; mitunter sank eine Kaprifolienblüte zu ihren Füßen; von Viertelstunde zu Viertelstunde schlug drüben im Hause die Amsterdamer Spieluhr. Es wurde ganz stille zwischen ihnen. Aber der Drang, den geliebten Namen leibhaftig vor sich ausgesprochen zu hören, überkam den jungen Mann. – »Fränzchen!«, sagte er halblaut.

»Konstantin!«

Und als würde er nach der langen Stille durch ihre Stimme überrascht und ihm erst jetzt das Geheimnis ihres Klanges offenbar, sagte er: »Du solltest singen, Fränzchen!«

Sie schüttelte den Kopf. »Du weißt, das taugt für Bürgermädchen nicht!«

Er schwieg einen Augenblick; dann fasste er ihre Hand und sagte: »Sprich nicht so! auch nicht im Scherz. Du hattest ja schon Lektionen beim Kantor. Was ist es denn?«

Sie sah ihn ernsthaft an; bald aber brach ein lustiger Glanz aus ihren Augen. »Nein«, rief sie, »schau nicht so finster! Ich will's dir sagen – ich rechne zu gut!«

Er lachte, und sie lachte mit. »Bist du mir aber auch zu klug, Franziska?«

– »Vielleicht!«, sagte sie – und ihre Stimme erhielt plötzlich einen tiefen, herzlichen Klang, als sie es sagte. – »Du weißt noch gar nicht, wie! Als du erst hier in die Stadt versetzt warst und dann zu meinem Bruder Fritz ins Haus kamst, war ich ein kleines Mädchen, das noch zwei volle Schuljahre vor sich hatte. Nachmittags, wenn ich nach

Haus gekommen, schlich ich mich öfters in den Saal und stellte mich daneben, wenn ihr euch im Rapieren übtet. Aber du wolltest keine Notiz von mir nehmen. Einmal sogar, als deine Klinge mir in die Schürze fuhr, sagtest du: ›Setz dich ins Fenster, Kind.‹ Du weißt wohl nicht, was das für böse Worte waren! – Nun aber begann ich auf allerlei Listen zu sinnen. Wenn Nachbarskinder bei mir waren, suchte ich dich durch eins der andern Mädchen – ich selber hätt es nicht getan – zur Teilnahme an unsern Spielen zu veranlassen; und wenn du dann in unsern Reihen standest –«

»Nun, Fränzchen?«

»Dann lief ich so oft an dir vorüber, bis du mich endlich doch an meinem weißen Kleidchen haschen musstest.«

Sie war dunkelrot geworden. Er legte seine Finger zwischen ihre und hielt sie fest umschlossen. Nach einer Weile sah sie schüchtern zu ihm auf und fragte: »Hast du denn nichts gemerkt?«

»Doch; endlich!«, sagte er, »du bist ja endlich groß geworden.«

»Und dann? – Wie kam es denn mit dir?«

Er sah sie an, als müsse er ihr Antlitz befragen, ob er reden dürfe. »Wer weiß«, sagte er, »ob es je gekommen wäre! Aber die Frau Syndika sagte einmal – –«

»So sprich doch, Konstantin!«

»Nein; mir zulieb! Geh erst einmal den Steig hinauf!«

Sie tat es. Nachdem sie die abgeschnittenen Rosen in ihre Schürze gesammelt, ging sie, ohne ein Wort zu sagen, nach dem Gartenhause und trat bald darauf mit leeren Händen wieder aus der Tür. – Sie hatte zierliche Füße und einen behänden Tritt; aber sie stieß im Gehen, unmerklich fast, mit den Knien gegen das Gewand. Der junge Mann folgte dieser Bewegung, so wenig schön sie sein mochte, mit den glücklichsten Augen; er merkte es kaum, als die Geliebte jetzt wieder vor ihm stand. »Nun«, fragte sie, »was sagte die Frau Syndika? Oder war es eine von ihren sieben Töchtern?«

»Sie sagte« – und er ließ seine Augen langsam an ihrer feinen Gestalt hinaufgleiten – »sie sagte: ›Die Mamsell Fränzchen ist eine angenehme Person; aber gehen tut sie wie eine Bachstelze!‹«

»O du!« – – Und Fränzchen legte die Hände auf dem Rücken ineinander und sah freudestrahlend auf ihn nieder.

»Seitdem«, fuhr er fort, »konnte ich's nicht wieder von mir bringen; überall hab ich müssen dich vor mir gehen und hantieren sehen.«

Sie stand noch immer vor ihm, schweigend und unbeweglich.

»Was hast du?«, fragte er. »Du siehst so stolz und vornehm aus!«

Sie sagte: »Es ist das Glück!«

»Oh, eine Welt voll!« Und er zog sie mit beiden Armen zu sich nieder.

2

Es war eine andere Zeit; wohl über sechzig Jahre später. Aber es war wieder an einem Sommernachmittage, und die Rosen blühten auch wie dazumal. – In dem oberen Zimmer nach dem Garten hinaus saß eine alte Frau. Auf ihrem Schoße, den sie mit einem weißen Schnupftuch überbreitet hatte, hielt sie eine dampfende Kaffeetasse; doch schien sie heute des gewohnten Trankes zu vergessen, denn nur selten und wie in Gedanken führte sie die Tasse an den Mund.

Nicht weit davon, dem Sofa gegenüber, saß ihr Enkel, ein Mann über die Zeit der vollsten Jugend noch kaum hinaus. Er stützte seinen Kopf in die Hand und blickte nach den kleinen Familienbildern, die in silberner Fassung über dem Sofa hingen. Der Großvater, die Urgroßeltern, Tante Fränzchen, des Großvaters Schwester, – sie waren lange tot, er hatte sie nicht gekannt. Nun ließ er seine Augen von einem zum andern gehen, wie er schon oft getan, wenn er mit der Großmutter in der stillen Nachmittagsstunde beisammensaß. Auf Tante Fränzchens Bilde schienen die Farben am wenigsten verblichen, obwohl sie vor den Eltern und lange vor dem Bruder gestorben war. Die rote Rose in der weißen Puderfrisur war noch wie frisch gepflückt; auf der amarantfarbenen Kontusche zeichnete sich deutlich ein blaues Medaillon, das an einem dunkeln Bande vom Halse auf die Brust herabhing. Der Enkel konnte nicht die Augen wenden von diesen kargen Spuren eines früh dahingegangenen Lebens; er blickte fast mit Inbrunst in das feine blasse Gesichtchen. Der Garten, wie er ihn als Knabe noch gesehen, trat vor seine Phantasie; er sah sie darin wandeln zwischen den seltsamen Buchsbaumzügen; er hörte das Knistern ihres Schuhes auf den Muschelsteigen, das Rauschen ihres Kleides. Aber die Gestalt, die er so heraufbeschworen, blieb allein; gebannt in dem grünen Fleckchen, das vor seinem innern Auge stand. Was sich um die Lebende einst mochte bewegt haben, ihre Gespielinnen, die Töchter aus den alten finsteren Patrizierhäusern, den

Freund, der nach ihr spähte zwischen den Büschen des Gartens, hatte er keine Macht, ihr zu gesellen. »Wer weiß von ihnen!«, sprach er vor sich hin; das kleine Medaillon war ihm wie ein Siegel auf der Brust des vor so langer Zeit verstorbenen Mädchens.

Die Großmutter setzte die Tasse auf die Fensterbank; sie hatte ihn sprechen hören. »Bist du in unserer Gruft gewesen, Martin?«, fragte sie; »sind die Reparaturen bald zustande?«

»Ja, Großmutter.«

»Es muss alles in Ordnung sein; wir haben in unserer Familie immer auf Reputation gehalten.«

»Es wird alles in Ordnung kommen«, sagte der Enkel, »aber es ist ein Sarg eingestürzt; das hat einen Aufschub gegeben.«

»Sind denn die Eisenstangen abgerostet?«

»Das nicht. Er stand zuhinterst neben dem Gitter; das Wasser ist darauf getropft.«

»Das muss Tante Fränzchen sein«, sagte die Großmutter nach einigem Besinnen. – »Lag denn ein Kranz darauf?«

Martin sah die Großmutter an. »Ein Kranz? – – Ich weiß es nicht; er mag auch wohl vergangen sein.«

Die Greisin nickte langsam mit dem Kopf und sah eine Weile schweigend vor sich hin. »Ja, ja!«, sagte sie dann, fast wie beschämt, »es ist nun freilich schon über funfzig Jahre her, dass sie begraben wurde. Ihr Fächer, der mit Schmelz und Flittern, liegt noch drüben im Saal in der Spiegelkommode; ich habe ihn aber gestern nicht finden können.«

Der Enkel vermochte ein Lächeln nicht zu unterdrücken. Die Großmutter bemerkte es und sagte: »Deine Braut, der Wildfang, ist mir wohl wieder über meinem Kram gewesen. Ihr sollt mir das nicht zu euren Possen gebrauchen!«

»Aber Großmutter, wie sie neulich abends in deinem Reifrock durch den Garten promenierte – ihr wäret alle eifersüchtig geworden, wenn sie Anno neunzig so in eure Laube getreten wäre.«

»Du bist ein eitler Junge, Martin!«

»Freilich«, fuhr er fort, »die fremden braunen Augen hat sie nun einmal; die kommen jetzt ohne Gnade in die Familie!«

»Nun, nun«, sagte die Großmutter, »die braunen Augen sind schon gut, wenn nur ein gutes Herz herausschaut. – Aber den Fächer soll sie mir in Ehren halten! Tante Fränzchen trug ihn auf deines Großvaters Hochzeit, und mich dünkt, ich seh sie noch mit der dunkelroten Rose in den Haaren. Nachher hat sie dann nicht gar lange mehr gelebt. – Es war eine große Liebe zwischen den Geschwistern; sie hat ihrem Bruder dazumalen auch ihr Porträt geschenkt, und dein Großvater hat es, solange er lebte, bei sich in seiner Schreibschatulle gehabt. – Später hingen wir es denn hieher, zu ihm und zu den Eltern.«

»Sie ist wohl schön gewesen, Großmutter?«, fragte der Enkel, indem er nach dem Bilde hinüberblickte.

Die Großmutter schien ihn nur halb zu hören. »Sie war ein kluges Frauenzimmer«, sagte sie, »und sehr geschickt in der Feder. Während dein Großvater in Marseille war, und auch wohl später noch, hat sie dem alten Vater alle Jahr die Klosterrechnungen ausgeschrieben; denn er war Klostervorsteher und dann Ratsverwandter, ehe er zweiter Bürgermeister wurde. – Sie hatte auch eine schlanke, wohlproportionierte Figur, und dein Großvater pflegte sie wohl mit ihren feinen Händen zu necken. Aber heiraten hat sie niemalen wollen.«

»Gab es denn derzeit keine jungen Männer in der Stadt, oder haben ihr die Freier nicht gefallen?«

»Das«, sagte die Großmutter, indem sie mit den Händen über ihren Schoß strich, »das, mein liebes Kind, hat sie mit sich in ihr Grab genommen. – Man sagte wohl, sie hab einmal einen leiden können; – Gott mag es wissen! Es war ein Freund deines Großvaters und ein reputierlicher Mensch. Aber er war Offizier und Edelmann; und dein Urgroßvater war immer sehr gegen das Militär. – Auf deines Großvaters Hochzeit tanzten sie miteinander, und ich entsinne mich wohl, sie machten ein schönes Paar zusammen. Unter den Leuten nannten sie ihn nur den Franzosen; denn er hatte rabenschwarzes Haar, das er nur selten pudern ließ, wenn er nicht just im Dienst war. Es ist aber das letzte Mal gewesen; er nahm bald darauf seinen Abschied und kaufte sich weit von hier einen kleinen Landsitz, wo er noch einige Zeit nach deines Großvaters Tode mit einer unverheirateten Schwester gelebt hat.«

Der Enkel unterbrach sie. »Es muss damals ein anderes Ding gewesen sein um die Herzensgeschichten«, sagte er nachdenklich.

»Ein anderes Ding?«, wiederholte die Großmutter, indem sie ihrem Körper für einen Augenblick die Haltung der Jugend wiederzugeben suchte. »Wir hatten so gut ein Herz wie ihr und haben unser Teil dafür leiden müssen. – Aber«, fuhr sie beruhigter fort, »was wisst ihr junges Volk auch, wie es dazumalen war. Ihr habt die harte Hand nicht über euch gefühlt; ihr wisst es nicht, wie mäuschenstille wir bei unsern Spielen wurden, wenn wir den Rohrstock unseres Vaters nur von ferne auf den Steinen hörten.«

Martin sprang auf und fasste die Hände der Großmutter.

»Nun«, sagte sie, »es mag vielleicht besser sein, so wie es jetzo ist. Ihr seid glückliche Kinder; aber deines Großvaters Schwester lebte in den alten Tagen. – Seit wir nach unserer Hochzeit das untere Stockwerk hier im Hause bewohnten, kam sie gern zu uns herunter; manchmal auch saß sie stundenlang bei deinem Großvater im Kontor und half ihm bei seinen Schreibereien. Im letzten Jahre, seit ihre Kräfte abzunehmen anfingen, fand ich sie wohl zuweilen über ihren Rechnungsbüchern eingeschlafen. Dein Großvater saß dann stille fortarbeitend ihr gegenüber an der andern Seite des Pultes, und ich erinnere mich noch gar wohl an das trauervolle Lächeln, womit er, wenn ich zu ihnen eintrat, mich auf die schlafende Schwester aufmerksam zu machen pflegte.«

Die Erzählerin schwieg eine Weile und blickte mit weit geöffneten Augen vor sich hin, während sie mechanisch ihre Tasse schwenkte und mit Behutsamkeit die Neige ausschlürfte. Dann, nachdem sie die Tasse neben sich auf die Fensterbank gestellt hatte, sprach sie langsam weiter. »Unsere alte Anne konnte nicht genug davon erzählen, wie lustig und umgänglich ihre Mamsell in jüngeren Jahren gewesen sei; auch war sie die Einzige von den Kindern, die bei Gelegenheit mit dem Vater ein Wort zu reden wagte. – Solange ich sie gekannt, ist sie immer still und für sich gewesen; zumal wenn der Vater im Zimmer war, sprach sie nur das Notwendige und wenn sie just gefragt wurde. Was da passiert sein mag; – dein Großvater hat nie davon gesprochen. Nun sind sie alle längst begraben.«

Der Enkel betrachtete das Bild des Urgroßvaters, und seine Augen blieben an den strengen Linien haften, die den starken Mund von den Wangen schieden. »Es muss ein harter Mann gewesen sein«, sagte er.

Die Großmutter nickte. »Er hat seine Söhne bis in ihr dreißigstes Jahr erzogen«, sagte sie. »Sie haben darum bis in ihr spätes Alter auch niemals so recht einen eigenen Willen gehabt. Dein Großvater hat es oft genug beklagt. Er wäre am liebsten ein Gelehrter geworden, wie du es bist; aber die Firma verlangte einen Nachfolger. Es waren damals eben andere Zeiten.«

Martin nahm das Bild des Großvaters von der Wand. »Das sind milde Augen«, sagte er.

Die Großmutter streckte die Hände aus, als wolle sie aus ihrem Lehnstuhl aufstehn; dann ließ sie sie langsam ineinander sinken. »Jawohl, mein Kind«, sagte sie, »das waren milde Augen! Er hatte keine Feinde – nur einen mitunter – und das war er selber.«

Die alte Haushälterin trat herein. »Es ist einer von den Maurerleuten draußen; er wünscht den Herrn zu sprechen.«

»Geh hinaus, Martin!«, sagte die Großmutter. »Was ist es denn, Anne?«

»Sie haben etwas in der Gruft gefunden«, erwiderte die Alte, »ein Schaustück oder so etwas. Die Särge der alten Herrschaften wollen schon nicht mehr halten.«

Die Großmutter neigte ein wenig das Haupt; dann blickte sie in der Stube umher und sagte: »Mach das Fenster zu, Anne! Es duftet mir so stark; die Sonne scheint draußen auf die Buchsbaumrabatten.«

»Die Frau hat wieder ihre Gedanken!«, murmelte die alte

Dienerin; denn der Buchsbaum war vor über zwanzig Jahren fortgenommen, und mit den Glaskorallenschnüren hatten derzeit die Knaben Pferd gespielt. Aber sie sagte nichts dergleichen, sondern schloss, wie ihr geheißen war, das Fenster. Danach stand sie noch eine Weile und sah durch die Zweige des hohen Ahornbaums nach dem alten Lusthäuschen hinüber, wohinaus sie vorzeiten ihren jungen Herrschaften so oft das Kaffeegeschirr hatte bringen müssen und wo die kranke Mamsell so manchen Nachmittag gesessen hatte.

Nun öffnete sich die Tür, und Martin trat hastigen Schrittes herein. »Du hattest recht!«, sagte er, indem er Tante Fränzchens Bild von der Wand nahm und es an dem silbernen Schleifchen der Großmutter vor die Augen hielt. »Der Maler durfte nur die Kapsel des Medaillons malen; der offene Kristall hat auf ihrem Herzen gelegen. Ich habe oft genug gefragt, was er verberge. Nun weiß ich es; denn ich habe Macht, es umzuwenden.« Und er legte ein verstäubtes Kleinod auf die Fensterbank, das, des grünen Rostes ungeachtet, der es überzogen hatte, als das Original zu der Zeichnung auf Tante Fränzchens Bilde nicht zu verkennen war. Das Sonnenlicht brach durch den trüben Kristall und beleuchtete im Innern eine schwarze Haarlocke.

Die Großmutter setzte schweigend ihre Brille auf; dann ergriff sie mit zitternden Händen das kleine Medaillon und neigte tief das Haupt darüber. Endlich nach einer ganzen Weile, wo in dem stillen Zimmer nur das unruhigere Atmen der alten Frau vernehmlich war, legte sie es behutsam von sich und sagte: »Lass es wieder an seinen Ort bringen, Martin; es taugt nicht in die Sonne. – Und«, fügte sie hinzu, indem sie das Tuch auf ihrem Schoße sorgsam zusammenlegte, »auf den Abend bring mir deine Braut! Es muss in den alten Schubladen noch irgendwo ein Hochzeitskettlein stecken; – wir wollen proben, wie es zu den braunen Augen lässt.«

Späte Rosen

Ich befand mich in der Nähe einer norddeutschen Stadt auf dem Landhause eines Freundes. Wir hatten einen großen Teil der Jugend zusammen verlebt, bis wir fast am Schlusse derselben durch die Verschiedenheit unseres Berufes getrennt wurden. Während der zwanzig Jahre, in denen wir uns nicht gesehen, war er der Chef eines von ihm gegründeten bedeutenden Handlungshauses geworden; mich hatten die Verhältnisse in die Fremde getrieben und dort für immer festgehalten. Jetzt war ich endlich einmal wieder in der Heimat.

Die Frau des Hauses hatte ich bisher noch nicht gekannt. – Sie war nicht jung mehr; aber in ihren Bewegungen war noch die Leichtigkeit der Jugend, und ihre ruhig blickenden Augen waren von einer kindlichen Klarheit. Es herrschte zwischen diesen beiden Menschen, wie ich bald zu bemerken Gelegenheit hatte, eine gegenseitige fast bräutliche Rücksichtnahme. Wenn sie zum Frühstück frisch gekleidet in den Saal trat, suchten ihre Augen zuerst nach ihm und taten an die seinen die stille Frage, ob sie ihm so gefalle. Dann verschwand für einen Augenblick die tiefe Falte von seiner Stirn, und er empfing ihre dargereichte Hand, als werde sie erst eben ihm geschenkt. Mitunter, wenn er in seinem Arbeitskabinett am Schreibtisch saß, trat sie aus ihrem Wohnzimmer oder aus dem davor liegenden Gartensaal und setzte sich schweigend neben ihn; oder sie war ungesehen hinter seinen Stuhl getreten und legte still die Hand auf seine Schulter, als müsse sie ihn versichern, dass sie in seiner Nähe, dass sie für ihn da sei.

Es war im Oktober an einem klaren Nachmittag. Mein Freund war eben, nach Beendigung seiner Geschäfte, aus der Stadt zurückgekehrt, und wir saßen nun, die alte Zeit beredend, auf der breiten Terrasse vor dem Hause, von der man über den tiefer liegenden Garten und über eine daran grenzende grüne Wiesenfläche auf das dunkle Wasser der Ostseebucht und jenseit dieser auf sanft ansteigende Buchenwälder hinaussah, deren Laub sich schon zu färben begann. Dies alles und der tiefblaue Herbsthimmel darüber war von den hohen Pappeln, die zu beiden Seiten der Terrasse standen, wie von dunkeln Riesenkulissen eingefasst. – Die Frau meines Freundes war, ihr jüngstes Töchterchen an der Hand, aus der offenen Flügeltür des Gartensaals getreten und mit einem stillen Lächeln an uns vorübergegangen; sie wollte sich nicht in unsere Schattenwelt drängen, an der sie keinen Teil hatte. Nun stand sie mit dem Kinde auf dem Arm am Rande der Terrasse und blickte einem vorüberziehenden Dampfschiffe nach, dessen Rädergebrause schon eine Zeitlang die Stille der Landschaft unterbrochen hatte. Ihre hohe Gestalt, die Umrisse ihres edlen Kopfes hoben sich deutlich gegen den dunkeln Himmel ab.

Unser beider Augen mochten ihr unwillkürlich gefolgt sein, denn das Gespräch verstummte. Ich langte gedankenlos nach den Trauben, die in einer Kristallschale vor uns auf dem Marmortische standen.

»So hat es kommen müssen«, sagte ich endlich, indem ich den Gegenstand unserer Unterhaltung noch einmal wieder aufnahm, »ich, der sogar mit Kastanien und Kirschensteinen Handel trieb, wurde ein Mann der Wissenschaft; und du – wo sind deine Trauerspiele geblieben, die du als Sekundaner schriebst?«

»Die italienische Buchführung«, erwiderte er lächelnd, »ist ein scharfes Pulver gegen die Poesie; und gleichwohl habe ich noch den festen Willen hinzutun müssen, damit das Mittel anschlug.«

Er sah mich mit seinen dunkeln Augen an, die noch den idealen Zug verrieten, der ihn in seiner Jugend auszeichnete. »Es mag dir Mühe genug gekostet haben«, sagte ich.

»Mühe?«, wiederholte er langsam; – »es ist vielleicht das wenigste, was es mich gekostet hat.« Und dabei flog ein Blick zu seiner Frau hinüber, von einer solchen Energie der Zärtlichkeit, von einer Freude des Besitzes, als habe er die Geliebte erst vor kurzem sich errungen.

Unwillkürlich musste ich eines kleinen Vorfalls am ersten Tage meines Hierseins gedenken. Damals, beim Eintritt in das Arbeitskabinett meines Freundes, fiel mein erster Blick auf das neben seinem Schreibtisch hängende Bildnis eines schönen jugendlichen Mädchens. Es war in Öl gemalt, in klaren lichten Farben und von einer wahrhaft leuchtenden Heiterkeit und Lebensfrische. Auf meine Frage, wen es vorstelle, erwiderte Rudolf: »Es ist das Bildnis meiner Frau. Das heißt«, setzte er hinzu, »des Mädchens, das später meine Braut und dann meine Frau geworden ist. Es war für die Großeltern gemalt und ist aus deren Nachlass an sie zurückgelangt.« Er war bei diesen Worten gleichfalls vor das Bild getreten, während ich in Gedanken die jugendlichen Züge mit denen der nur noch flüchtig gesehenen Frau verglich. – Als ich nach einer Weile mich zu ihm wandte, trug sein Antlitz den unverkennbaren Ausdruck einer fast schmerzlichen Innigkeit, den ich mir bei meinem längeren Aufenthalte immer weniger zu erklären wusste.

Denn dieses Mädchen war ja sein geworden; sie lebte und – so schien es – sie beglückte ihn noch jetzt.

Nun, als in diesem Augenblick die schöne ruhige Gestalt vor uns von der Terrasse in den Garten hinabstieg, und da ich nicht fürchtete, eine ungeheilte Wunde zu berühren, vermochte ich meine damalige Beobachtung nicht länger zu verschweigen. »Was war das, Rudolf?«, sagte ich und nahm die Hand meines Jugendfreundes, »sage mir es, wenn du es kannst!«

Er blickte noch einmal in den Garten hinab, hinter dem aus den Wiesen schon die Abendnebel aufzusteigen begannen; dann strich er das schlichte Haar von seiner Stirn und sagte mit dem herzlichen Ton seiner mir einst so vertrauten Stimme: »Es ist kein Unrecht dabei und auch kein Unheil; ich kann es dir schon sagen – soweit so etwas überhaupt sich sagen lässt. – Du hast es seinerzeit aus meinen Briefen erfahren, wie ich meine Frau vor nun fast funfzehn Jahren in meinem elterlichen Hause kennen lernte. Sie besuchte meine Schwester, mit der sie im Bade auf unseren Westsee-Inseln zusammengetroffen war. Ich lebte damals in der angestrengtesten und aufreibendsten Tätigkeit. Ein Kompagnon, auf dessen Mitteln ein Teil des kaum aufgeführten Handelsgebäudes ruhte, war plötzlich ausgeschieden, und das Fehlende musste auf andere Weise und in kürzester Frist ersetzt werden. Dazu kam die Errichtung der Dampfschifffahrts-Sozietät, die ich schon derzeit im Plane hatte, dessen Ausführung aber die Eifersucht unserer Nachbarschaft immer neue Hindernisse entgegenstellte. Ich bedurfte, wenn ich den Tag in Arbeit und Aufregung hinbrachte, einer ermutigenden Teilnahme, eines Zufluchtsortes, an dem ich mein Herz ausruhen konnte. Beides fand ich bei der jungen Freundin meiner Schwester. Abends im elterlichen Garten, beim Aufundabwandeln zwischen den Ligusterzäunen, waren meine Pläne und meine Sorgen der Gegenstand unserer Gespräche; sie hatte ein Ohr und Verständnis für alles. Die Einfachheit und Sicherheit ihres Wesens, die du neulich am ersten Tage deines Hierseins an ihr bewundertest, waren schon damals vorhanden. Doch auch der Mutwille der Jugend war ihr nicht fremd. Ich erinnere mich eines Abends, wo ich den beiden Mädchen an dem alten Gartentisch in der Laube gegenübersaß. Es war an diesem Tage aller Art Unglück für mich hereingebrochen. In einem augenblicklichen Anfalle von Mutlosigkeit rief ich aus: ›Es geht am Ende dennoch über meine Kräfte!‹ Sie antwortete nicht darauf; aber sie stützte schweigend das Kinn in ihre Hand und sah mich eine Weile wie mit zürnenden, erstaunten Augen an. Dann wandte sie den Kopf zu meiner Schwester und sagte lächelnd: ›Siehst du! Er glaubt schon selbst nicht mehr daran!‹ Und sie hatte recht; schon in den nächsten Wochen fühlte ich, dass meine Kräfte reichten. Es verstand sich endlich fast von selbst, dass sie ihre Hand in meine legte; dass ich sie festhielt. Andere sagten mir von ihrer Schönheit; ich sah sie darauf an; ich hatte nie daran gedacht und dachte auch ferner nicht daran. So ward sie meine Frau; eine Genossin des Lebens, das der Tag mir brachte und in immer erneuter Aufgabe zur Lösung vor mich hinstellte. Du wirst dich dessen erinnern – denn ich habe dir damals öfterer geschrieben –, wie von nun an ein Wirrsal nach dem andern gelöst wurde. Mir war dabei fast, als geschehe es durch ihre Hand; denn sie an ihrem Platze wusste alles zur rechten Zeit zu tun; sie verstand die stumme Sprache der Dinge, gleich der Goldmaria des

Märchens, die es im Vorübergehen aus den Bäumen rufen hört: ›Schüttle uns, wir Äpfel sind alle miteinander reif!‹ – Schon nach einigen Jahren vermochte ich dies Landhaus zu erstehen und unseren einfachen Wünschen gemäß einzurichten. Aber mit dem Glück, das mich begünstigte, mehrten sich auch meine Geschäfte; ich hatte nicht sie, sie hatten mich; ich war eingefangen in einem Netz von Kombinationen, deren eine immer die andere ablöste; alle Kräfte meines Geistes waren in diesen einen Dienst gegeben, der sie Tag für Tag in Anspruch nahm.«

Mein Freund hielt inne; seine älteste zwölfjährige Tochter war aus dem Hause zu uns getreten und fragte nach der Mutter. Er nahm sie in seinen Arm und horchte nach dem Garten hinunter. Drüben von dem Glashause her, das mit seiner weißen First neben der Gartenmauer aus dem Gebüsch ragte, hörte man das Lachen der Kleinen und dazwischen wie beschwichtigend die Stimme der Mutter. »Geh, Jenni!«, sagte er lächelnd. »Es sind zwei große Feigen reif; ihr dürft sie nehmen!« – Sie nickte, und fort war sie; die Treppe hinab und durch die Rasenpartien, welche sich unterhalb der Terrasse ausbreiteten, seitwärts im Gebüsch verschwunden.

Der Vater sah ihr einen Augenblick nach; dann fuhr er fort: »Es war im Frühling eines Sonntagnachmittags; das schlanke Mädchen, das wir eben zur Mutter hinabgeschickt, mochte damals kaum ein halbes Jahr zählen. Der Gartensaal hier an der Terrasse war eben ausgemalt, die Frühlingssonne beschien den Estrich, und durch die offenen Flügeltüren drang der Duft der sprießenden Blätter und Knospen. Ich hatte, auf dem Sofa sitzend, ein Buch zur Hand genommen, desgleichen mir seit lange nicht mehr vor Augen gekommen war; ich weiß nicht, gedachte ich deiner und unserer einst so eifrig betriebenen altdeutschen Studien, oder wollte ich mich nur vergewissern, dass hier außen für mich eine andere Welt sei als drüben in der Stadt zwischen den dunkeln Wänden meiner Schreibstuben. Es war Meister Gottfrieds ›Tristan‹, den ich aufgeschlagen hatte. In einiger Entfernung mir gegenüber am Fenster saß meine Frau mit einer weiblichen Arbeit beschäftigt; nebenan im Zimmer schlief das Kind in seiner Wiege. Es war alles still; nichts störte mich, mit Tristan und Isote die Meerfahrt zu beginnen.

Die Kiele streichen hin; in der einsamen Mittagsstunde sitzt Isote auf dem Verdeck. Der Sommerwind weht in ihren goldenen Haaren; aber ihre Augen quellen über, aus Weh nach der Heimat, aus Furcht vor der Fremde, wo sie des greisen Königs Gemahl werden soll. Tristan will sie trösten; aber sie stößt ihn zurück; sie hasst ihn, weil er ihren Ohm Morolt erschlagen hat. Die Luft geht schwül, sie dürstet. In der Schiffskemenate, schlecht verwahrt, steht der Minnetrank, der Isotens Herz dem alten Bräutigam entzünden soll. Ein kleines Fräulein ruft: ›Seht, hier steht Wein!‹, und Tristan bietet ahnungslos der Königin den Becher.

Sie trank mit Zaudern, ihr war so schwer,
Und gab es ihm; da trank auch er.

Und nun beginnt das Zauberspiel des alten Dichters; wir leben mit ihnen in ihrem Zweifel und in ihrer Herzensgier, wie sie nicht wollen und doch müssen, wie sie noch glauben, frei zu sein, und dennoch fürchten, es zu werden. Unaufhaltsam quellen die süßen Verse hervor; mit ihrer heimlich dringenden Weise betören sie das Herz. Ich sah sie vor mir, das schöne jugendliche Paar, wie sie zusammen am Bord des Schiffes lehnen. Sie blicken hinaus über das Wasser, um nicht zu sehen, wie ihre Hände heimlich ineinander ruhen; und während sie ganz einer in dem andern trunken sind, reden sie wie zufällig fremde Worte, von Meer und Nebel, von Luft und See. – –

Der Duft des Bechers, den der alte Meister seinem Leser so nahe zu bringen weiß, stieg auf und begann auch an mir sein Zauberwerk zu üben. Durch die Dichtung wurde etwas in mir bewegt, was das Leben bis dahin hatte schlafen lassen; ich hatte diese andere Welt nicht kennen gelernt, die Tristan und Isoten nun ihre eigenen unerbittlichen Gesetze aufnötigt; mit der der Dichter selbst, wie er zu Anfang seines Werkes sagt, verderben und gedeihen will.

Ich sah von dem Buche zu meiner Frau hinüber. Damals, mein Freund, lag noch der Duft der Jugend auf ihren Wangen. Durchs Fenster fielen die Schatten der jungen Pappelblätter auf ihre Stirn und bewegten sich leise hin und wider, während sie die Augen auf ihre Arbeit niedergeschlagen hatte. – War sie nicht ebenso schön wie ›der Minne Federspiel, Isot‹? Oder war der Minnebecher kein bloßes Symbol, und bedurfte es wirklich des geheimnisvollen Trankes, um diesen holden Wahnsinn zu erschaffen?

In diesem Augenblick erwachte nebenan das Kind. Die junge Mutter stand auf und warf die Arbeit hin; aber während sie durch den Saal ging, sah sie mich mit ihren schönen heitern Augen an und winkte mir, ihr zu folgen. –

Ich musste lächeln. ›Was willst du noch?‹, sagte ich halblaut zu mir selbst und schlug das alte Zauberbuch zu. Und schon war sie zurück und brachte mir das Kind, das die großen verschlafenen Augen gegen die helle Frühlingssonne aufriss. – –

So blieb es ruhig zwischen uns, wie es gewesen war. Ein Jahr nach dem andern ging dahin; und in währender Zeit verblühte allmählich die schöne jugendliche Frau an meiner Seite. Ich sah es nicht; ich hatte kein Auge dafür, wie die Züge ihres lieben Angesichts unmerklich den weichen Umriss der Jugend verloren, und wie der Seidenglanz ihres blonden Haares erlosch; nur ihres geistigen Wesens wurde ich mir immer klarer bewusst; ich fühlte deutlich, wie es sich immer fester begründete, und ebenso, wie ich sie immer mehr verehrte.

Vor drei Jahren wurde uns noch eine zweite Tochter geboren – horch nur! Sie sind im Glashause; wie sie mit der Schwester disputiert! – –

Indessen hatten sich meine Arbeiten allmählich vereinfacht; die Geschäfte gingen ihren geordneten Gang, sodass ich manches andern Händen überlassen konnte. Mein Leben gewann endlich wieder Raum für andere Dinge. Da das Notwendige ohne Zwang geschehen konnte, so machte sich der dem Menschen eingeborene Drang nach Schönheit wieder geltend. Ich gab dem Garten seine jetzige Gestalt und ließ dort unten das Rosarium anlegen. – Du hörtest schon, dass sie die Rosen vor allen andern Blumen liebt. – Im Jahre darauf wurde hinter demselben der geräumige Pavillon erbaut. Die Holzmosaik des Fußbodens, die Sessel und was sonst an Gerät hineingehörte, ließ ich nach Zeichnungen eines befreundeten Architekten von geschickten Handwerkern anfertigen; die hohen Fenster wurden zur Hälfte mit hellgrauen seidenen Gardinen verhangen, sodass ein gedämpftes wohltuendes Licht entstand. Hier in dieser Gartenstille las ich zum ersten Mal in ungestörtem Zusammenhange die alten ewigen Gesänge, die ›Odyssee‹ – die ›Nibelungen‹; ich las sie laut; denn sie saß neben mir und hörte, und ihre fleißigen Hände ließen unbewusst die Arbeit ruhen. Auch die Hausmusik war nicht vergessen; mir hatte das Leben keine Zeit zur Ausübung einer Kunst gelassen, aber meine Frau verstand es, zu singen, und sie hatte es schon immer gern in meiner und der Kinder Gegenwart getan. Nun traten andere hinzu, die ein Gleiches leisteten; denn unmerklich hatte sich uns ein kleiner Kreis teilnehmender und gleichgesinnter Menschen angeschlossen.

So war im Juni vorigen Jahres mein vierzigster Geburtstag herangekommen. – Die Frühsonne weckte mich; sonst schlief noch alles. Ich kleidete mich an und ging durch das schweigende Haus auf die Terrasse. Der Rasen unterhalb derselben war noch in tiefem Schatten; nur die Spitzen der Bäume und der goldene Knopf des Gartenhauses leuchteten in der Morgensonne; drüben auf dem Wasser lag noch der weiße Nebel, aus dem die schwankende Spitze eines Mastes nur dann und wann hervorsah. Ich stieg langsam in den Garten hinunter, ganz erfüllt von dem Gefühl der süßen unberührten Frühe; ich trat leise auf, als fürchte ich den Tag zu wecken.

Am vorhergehenden Abend war ich wieder einmal über Meister Gottfrieds Tristan geraten und hatte mich ganz in das alte Buch vertieft. Es waren die letzten Blätter, die diese anmutige Dichterhand geschrieben.

Der Minnetrank hat seine Zauberkraft bewährt. Die schöne Königin Isote und Tristan, des Königs Neffe, sie konnten voneinander nicht lassen. Der alte langmütige König hat endlich die Schuldigen verbannt; der Dichter aber tut seinem klopfenden Herzen Genüge und führt seine Lieblinge fern von den Menschen in die Wildnis. Kein Lauscher ist ihnen gefolgt; die Sonne scheint, die Kräuter duften; in der ungeheueren Einsamkeit nur sie und er; um sie her der säuselnde Wald und unsichtbar in den Lüften der unablässige Gesang der Vögel. Sie wandeln im Abendschein durch die Wiese, hin wo der kühle Bronnen klingt; dort sitzen sie nieder unter der Linde und blicken zurück nach der Felsengrotte, wo sie die Nacht zusammen ruhten. Sie reiten bei Sonnenaufgang durch die taubenetzte Heide auf die Pirsch, die Armbrust in der Faust, die Rosse aneinanderdrängend, Isotens goldenes Haar um Tristans Schultern wehend.

In der stillen Morgenluft stiegen die Bilder der Dichtung wie Träume in mir auf. – Indessen war die Zeit vorgerückt; die Sonne schien warm auf die Gartensteige, die Blätter tropften, die Wohlgerüche der Blumen verbreiteten sich, und in den Lüften begann das feine Getön der Insektenwelt. Ich empfand die Fülle der Natur, und ein Gefühl der Jugend überkam mich, als läge das Geheimnis des Lebens noch unentsiegelt vor mir. Ich beschleunigte meinen Schritt, ich trat fester auf; unwillkürlich streckte ich den Arm aus und brach einen blühenden Zweig von dem Gebüsch, das nebenan im Rasen stand. – Unten vor dem Pavillon standen noch die Gartenstühle, wie wir sie am Abend verlassen hatten; an den verschlossenen Läden rieselte der Tau herab. Ich nahm den Schlüssel aus seinem Versteck unter der Treppenstufe und sperrte die Türen auf, damit die Morgenluft hineindringen könne. Dann ging ich zurück, rüttelte im Vorübergehen an der verschlossenen Tür des Glashauses und trat nach einer Weile durch den Gartensaal in das Wohnzimmer meiner Frau. Es rührte sich noch nichts im Hause, die Morgenruhe lag noch in allen Winkeln. Aber ein starker frischer Rosenduft schien die Nähe eines Geburtstagstisches zu verraten. – Als ich die Tür meines Arbeitszimmers öffnete, fielen meine Augen auf ein Ölgemälde in ovaler Medaillonform, das angelehnt auf meinem Schreibtisch stand. Es war das lebensgroße Profilbild eines Mädchenkopfes; über dem schweren Goldrahmen, der es einfasste, lag eine Girlande von vollen roten Zentifolien. – Der Kopf war ein wenig zurückgeworfen, das glänzende blonde Haar schien erst eben von einer leichten Hand zurückgestrichen; auf den halb geöffneten Lippen lag der köstliche Übermut der Jugend.

Ich stand atemlos und starrte das schöne jugendliche Antlitz an; mir war, als dürfe ich meine Nähe nicht verraten, als könne von einem unvorsichtigen Hauche alles in Duft verwehen. – Es musste eine Welt voll Frühlingssonnenlichtes sein, in welche diese jungen lachenden Augen hinaussahen. Ich neigte unwillkürlich das Haupt. Sie – sie wäre es gewesen; mit ihr wäre auch ich in jene Einsamkeit geflohen, nach der jedes Menschenherz einmal verlangt – –«

Rudolf fasste meine Hand.

»Und weshalb war sie es nicht gewesen? – Du kennst das Bild. Was ich gesehen, war nicht die Phantasie eines Malers, nicht etwa die blonde Königin Isote, die vielleicht niemals gelebt hat. Dies Antlitz vor mir hatte dem Leben, meinem eigenen Leben angehört; so war sie einst gewesen, die vor vielen Jahren ihre Hand in meine legte, die noch an meiner Seite lebte.

Ich blickte wieder auf, es ließ mich nicht; der Durst nach Schönheit überwältigte mich ganz. Der Anfang eines alten Liedes fiel mir ein: ›O Jugend, o schöne Rosenzeit!‹ – sie hatte es damals in meinem elterlichen Hause oft gesungen. Ich streckte die Arme nach dem Bilde aus, als müsse sie so noch einmal wiederkehren, als sei diese süße jugendliche Gestalt noch nicht für immer der Vergangenheit anheimgefallen.

Da plötzlich, während mein Herz von Reue und von vergeblicher Sehnsucht zerrissen wurde, überkam mich ein Gedanke unzweifelhaften, unaussprechlichen Glückes. Sie, die das einst gewesen war, sie selber lebte noch; sie war in nächster Nähe, ich konnte schon jetzt, in diesem Augenblick noch bei ihr sein.

Ich verließ das Zimmer, ich suchte sie; aber sie war nicht mehr im Hause. Als ich den Garten hinabging, kam sie mir unterhalb der Terrasse entgegen. Sie sah mich lächelnd an, als wollte sie in meinen Augen die Freude über ihr Geburtstagsangebinde lesen. Aber ich ließ ihr keine Zeit, ich fasste schweigend ihre Hand und führte sie in den Garten hinab. – Und wie sie in dem weißen Morgenkleide in ihrer mädchenhaften Weise neben mir ging, mit ihren stillen Augen mich fragend und erstaunt betrachtend, wie ihre Hand so leicht und hingegeben in der meinen lag, da konnte ich nicht erwarten, mich anbetend vor ihr niederzuwerfen; denn alle Leidenschaft meines Lebens war erwacht und drängte ihr entgegen, ungestüm und unaufhaltsam.«

Rudolf schwieg einen Augenblick; dann sagte er leise, indem er vor sich in das Abendrot blickte, das schon mit seinem letzten Schein am Himmel stand: »So habe auch ich noch aus dem Minnebecher getrunken, einen tiefen, herzhaften Zug; zu spät – aber dennoch nicht zu spät!«

Wir saßen schweigend nebeneinander; allmählich brach die Dunkelheit herein. Im Garten war alles still geworden; aber im Pavillon unten waren schon die Lichter angezündet und schienen durch die Büsche. Nun wurde ein Akkord angeschlagen, und von einer tiefen Altstimme gesungen klangen die Worte durch die Nacht:

»O Jugend, o schöne Rosenzeit!«

Anmerkungen

Die Texte der vorliegenden Ausgabe folgen der Edition:

> Theodor Storms Sämtliche Werke in acht Bänden. Herausgegeben von Albert Köster. Erster und Zweiter Band. Leipzig: Insel Verlag, 1919.

Die Orthographie wurde auf der Grundlage der gültigen amtlichen Rechtschreibregeln behutsam modernisiert; der originale Lautstand und grammatische Eigenheiten blieben gewahrt. Stillschweigend eingegriffen wurde bei der Wiedergabe wörtlicher Rede: Das schließende Anführungszeichen steht in der Druckvorlage jeweils hinter, in der vorliegenden Ausgabe vor dem Komma. Die mitunter fehlenden Kommata zwischen schließendem Anführungszeichen und *verbum didandi* wurden ergänzt. Die Interpunktion folgt ansonsten der Druckvorlage.

Immensee

5,12 *Abendsonnendufte:* Duft: Dunst (so auch 38,12).
5,25 *Pesel:* (niederdt.) ein für besondere Gelegenheiten bestimmtes Gemach.
6,3 *Repositorien:* (lat.) Aktenschränke.
6,23 *das ließ ihr hübsch:* das stand ihr gut.
7,21 *drei Spinnfrauen: Die drei Spinnerinnen,* Märchen Nr. 14 aus den *Kinder- und Hausmärchen* (1812 u. ö.) der Brüder Grimm.
7,25–27 *die Geschichte … geworfen war:* vgl. Dan. 6,17–28.
10,14 *Schatulle:* (niederdt.) Kommode mit aufklappbarem Aufsatz.
11,3 *belegenen:* gelegenen.
Holzungen: Wälder.
12,16 *Erdbeerenschlag:* Schlag: mundartl. für einen mit einer Pflanze dicht bewachsenen Platz.
13,24 *Hülsendorn:* Stechpalme.
16,24 *böhmisch:* volkstüml. für etwas Unbekanntes, Unverständli-

ches; vgl. *Bohemien* (frz. veraltete Bezeichnung für einen Angehörigen der Sinti und Roma, ›unkonventioneller, ungebundener Künstler‹, eigtl. ›Böhme‹).

16,25 *junkerhaftem:* Junker: uspr. allg. ›Adliger‹, dann bes. ›adliger Gutsbesitzer‹.

19,12 *braunen Festkuchen:* harte, mit Sirup dunkel gefärbte Plätzchen.

19,25 *Hänfling:* kleiner Singvogel, gehört zur Familie der Finken.

19,28 *Bauer:* Vogelkäfig.

19,29 *zu geschweigen:* zum Schweigen zu bringen.

22,5 *Dintenfass:* Dinte: veraltete Nebenform von ›Tinte‹.

22,10 *Flausrock:* Hausjacke; Flaus: veraltet für ›Flausch‹.

23,3 *lehrhaft:* gelehrig.

23,6 *Botanisierkapsel:* Behälter zum Sammeln von Pflanzen zu Studienzwecken.

23,12 f. *Hühnerschwarm:* Vogelmiere, ein Nelkengewächs.

23,25 f. *den … Hof seines Vaters:* die Nachfolge auf dem Hof seines Vaters.

24,23 *Folianten:* Foliant: Buch im Folioformat, d. h. im Format eines halben Bogens; auch allg. für ein großes (altes) Buch.

27,20 *erstan:* (niederdt.) anfänglich, zuerst.

28,15 *Keine halbe Pfeif Tobak: Tobak* (niederdt.): Tabak; in Ermangelung einer Uhr teilten sich Fuhrleute noch im 19. Jh. ihren Weg nach (gerauchten) Pfeifen Tabak ein.

28,16 *hart daran:* direkt daneben.

30,11 f. *Ich hab dich … verschrieben:* Ich habe dich (schriftlich) eingeladen.

30,21 f. *der hochbeinige Ägypter:* Die Störche sah man damals als Sommergäste aus Ägypten an.

30,26 *Spritfabrik:* ländliche Kartoffel- oder Kornbranntwein-Brennerei.

30,28 *mein Vater selig:* mein verstorbener Vater.

31,5 *Taxuswände:* Eibenhecken.

31,5 f. *Syringenbäume:* Fliederbäume.

32,14 f. *wie … er aussehen worden ist:* mundartl.: wie er inzwischen aussieht.

32,26 *Meerschaumkopf:* Pfeifenkopf aus Meerschaum, einem porösen, vor allem für Pfeifen verwendeten Mineral.
32,26 f. *diskurrierend:* veraltet für ›diskutierend‹.
33,18 *Bastei:* hier: vorspringender Wall als Aussichtspunkt.
33,20 *gegen Abend:* nach Westen.
34,5 f. *konnte das nicht reimen:* konnte sich das nicht erklären.
34,27 f. *Schnaderhüpferl:* eigtl. ›Schnitterhüpflein‹; urspr. in Bayern und Österreich zur Zeit der Ernte gesungenes Tanzliedchen, dann allg. Scherz- oder Spottliedchen.
35,9 f. *Mariengarn:* im Spätsommer (Altweibersommer) umherfliegende Spinnwebfäden.
35,20 *sekundierend:* begleitend (als zweite Stimme).
35,28 f. *»Ich stand ... Tal ...«:* weit verbreitetes Volkslied.
36,6 *Starken:* Sterken (niederdt.): Kühe, die noch nicht gekalbt haben.
39,4 *Was Tausend: Tausend:* in Flüchen euphemistisch für ›Teufel‹ gebraucht; hier also: Was zum Teufel.
43,10 *priesterten:* predigten, zwitscherten.

Marthe und ihre Uhr

45,11 *Rente:* Ertrag aus Grund- oder Kapitalbesitz.
45,30–46,1 *Mörikes »Maler Nolten«:* Die erste Fassung des Romans *Maler Nolten* von Eduard Mörike (1804–1875) erschien 1832.
47,2 *Möbeln:* niederdt. Pluralform.
47,8 *Grillen:* veraltet für ›Launen, Sonderbarkeiten‹.
47,9 *Stutzuhr:* kleine Standuhr mit Gehäuse oder Glassturz.
47,17 *Weiser:* Uhrzeiger.
47,20 *Perpendikelschlag:* Pendelschlag.
47,21 *Zoll:* altes Längenmaß: 2,2–3 cm.
48,8 *Schlaglot:* Lot (niederdt.): Gewicht, das das Schlagwerk einer Uhr in Gang setzt.
48,13 *im klingendsten Winter:* (niederdt.) bei klirrendem Frost, im härtesten Winter.
48,26 *Bischof:* kaltes Mischgetränk aus Rotwein, Zucker, Bitterorangenschale und Gewürzen.

49,15 *pickte:* veraltet für ›tickte‹.
50,12 *Scheiteltuch:* in norddeutschen Frauentrachten weißes Tuch über einer das Haar bedeckenden Kappe.
50,19 f. *»Frohlockt ... Gott«:* Lied aus dem norddeutschen *Allgemeinen Gesangbuch.*
51,2 *warnte es:* Geräusch, das dem Stundenschlag vorausgeht.
51,24 f. *abgefallenen:* kraftlosen.

Im Saal

53,9 f. *altfränkisch:* altertümlich, altmodisch.
54,11 *Hauswirt:* Hausherr, Gastgeber.
55,2 *chinesischen:* Im Rokoko (18. Jh.) waren chinesische Motive (Chinoiserien) beliebt.
55,10 *Aurikeln:* Primelart.
55,13 f. *weiß gepuderten:* Im 18. Jh. war es bei Männern und Frauen üblich, das Haar zu pudern.
55,23 *Haarbeutel:* männliche Haarmode im 18. Jh., wobei das lange Nackenhaar mit einer Schleife in einen Taftbeutel eingebunden wurde.
56,24 *Iritsch:* (niederdt.) Hänfling (s. Anm. zu 19,25).
56,28 *traktiert:* bewirtet.
57,1 *Er:* im 18. Jh. Höflichkeitsanrede an nichtadlige Personen.
57,12 *Konto:* Aufstellung von Schulden.
Diskonto: Zinsen bei noch nicht fälligen Zahlungen.
58,29 *Kannegießer:* nach der Komödie *Den politiske kandestøber* (1722, dt. *Der politische Kannengießer*) des dänisch-norwegischen Schriftstellers Ludvig Holberg (1684–1754): politisierender Schwätzer.
58,30 *Stiefeln:* veralteter schwacher Plural.
59,2 *Junker:* s. Anm. zu 16,25.
59,17 *Leberreime:* kurze Stegreifgedichte, bei denen auf ein zu erdichtendes Versende ein Reim gefunden werden musste, wobei der Vers immer begann: »Die Leber ist vom Hecht und nicht von einem/einer ...«.

Im Sonnenschein

61,22 f. *gepuderter Frisur:* Anm. zu 55,13 f.

61,25 *Syndikus:* Rechtsvertreter einer Stadtverwaltung.

61,26 *Tokadilletisch:* Tokadille (ital.): Brettspiel für zwei Personen.

61,27 *starke:* dicke.

62,6 f. *Posttag:* Tag, an dem Post eintraf und abgeschickt wurde; die Postkutsche verkehrte nicht täglich.

62,11 f. *gegen Morgen:* nach Osten.

62,20 *Folianten:* Anm. zu 24,23.

62,30 *amarantfarbenen:* Amarant: Fuchsschwanz, dunkelrot blühende Pflanze.

Kontusche: Frauenkleid der 1. Hälfte des 18. Jh.s, zunächst untailliert, dann vorn tailliert, im Rücken lose fallend.

63,3 *Dinte:* Anm. zu 22,5.

63,4 *Kapitän:* (von frz. *capitaine*) Hauptmann.

63,14 f. *Klosterrechnungstag:* Das »Kloster« St. Jürgen in Husum (urspr. im ehemaligen Franziskanerkloster) ist ein Alten- und Armenstift, das jährlich zu einem bestimmten Tag die Abrechnungen vorzulegen hatte.

65,3 *Flora:* römische Frühlings- und Blumengöttin; als Statue in Parkanlagen beliebt.

65,3 f. *Buchsbaumarabesken:* Arabeske: (von ital. *arabesco* ›in arabischem Stil‹) verschlungenes Ornament.

65,7 f. *Provinzrosen:* Zentifolien, stark duftende Rosen (urspr. aus der französischen Stadt Provins).

66,22 f. *Potpourri:* (frz.) Allerlei, Kunterbuntes; hier: Mischung verschiedener Blüten.

67,2 *Zitronenbirnbaum:* Die Zitronenbirne ist eine sehr süße, schnell verderbliche Birnensorte.

ab und zu: hin und her.

67,6 *Kaprifolienblüte:* Kaprifolie: Geißblatt.

67,8 *Spieluhr:* Uhr mit Glockenspiel zum Anzeigen der Stunden und Viertelstunden.

67,20 *Kantor:* Leiter des Kirchenchors, Organist.

68,2 *Rapieren:* Fechten.

68,24 *Syndika:* Anm. zu 61,25.
69,28–70,1 *überbreitet:* bedeckt.
70,18 *zeichnete sich:* zeichnete sich ab.
71,12 *auf Reputation gehalten:* auf Ansehen, guten Ruf geachtet.
71,27 *Schmelz:* Emailüberzug; auch: Perlen u. Ä. aus Schmelzglas als Schmuck auf Frauenkleidern.
72,6 *Anno neunzig:* (lat.) im Jahr (17)90.
72,21 *Schreibschatulle:* Anm. zu 10,14.
denn: dann.
72,30 *Ratsverwandter:* Angehöriger einer (städtischen) Behörde; auch: Senator.
73,2 f. *niemalen:* veraltet für *niemals.*
73,10 *reputierlicher:* achtbarer.
74,24 *Mamsell:* nach frz. *Mademoiselle* ›Fräulein‹: unverheiratetes Bürgermädchen.
75,25 *Schaustück:* Schaumünze, Medaille.
77,3 f. *wie es … lässt:* Anm. zu 6,23.

Späte Rosen

80,31 *Sekundaner:* Sekunda (lat., ›die Zweite‹): die beiden vorletzten Klassen des Gymnasiums (heute 10. und 11. Klasse).
81,1 *italienische Buchführung:* die heute so genannte doppelte Buchführung.
81,27 *nur noch:* erst.
82,19 f. *Westsee-Inseln:* Westsee (niederdt.): Nordsee; gemeint sind die nordfriesischen Inseln.
83,31–84,1 *Goldmaria des Märchens:* vgl. das Märchen *Die Goldmaria und die Pechmaria* aus Ludwig Bechsteins Märchensammlung (1845 u. ö.).
84,15 *seiner … First:* früher maskulin und feminin gebraucht.
85,6 *Gottfrieds ›Tristan‹:* Versepos (um 1210) von Gottfried von Straßburg, das die Absolutheit der Liebe und das tragische Scheitern der Liebenden darstellt.
85,18 *Ohm:* veraltet für ›Onkel‹.

85,19 *Schiffskemenate:* Kemenate: Frauengemach mittelalterlicher Burgen.

85,20 *Minnetrank:* Liebestrank.

87,24 *Rosarium:* (lat.) künstlerisch angelegter Rosengarten.

87,27 *Die Holzmosaik:* früher Femininum.

88,3 f. ›*Odyssee*‹: Versepos des griechischen Dichters Homer (8. Jh. v. Chr.).

88,4 ›*Nibelungen*‹: *Das Nibelungenlied*, mittelhochdeutsches Heldenepos (um 1200).

89,13 *Armbrust:* Schusswaffe für Bolzen und Pfeile.

90,12 *Zentifolien:* Anm. zu 65,7 f.14327

90,18 *Duft:* Anm. zu 5,12.

91,3 ›*O Jugend ... Rosenzeit!*‹: Beginn der 4. Strophe des Volkslieds *Von allen schönen Kindern*, von Felix Mendelssohn Bartholdy vertont (op. 57, Nr. 4).

Inhalt

Immensee 5
Marthe und ihre Uhr 45
Im Saal 53
Im Sonnenschein 61
Späte Rosen 79

Anmerkungen 93